MIT KALENDARIUM, SAISONKALENDER UND GEFÜHLSTAGEBUCH

Mein Jahr **2022** mit dem

ARD Buffet

LECKER · NÜTZLICH · KREATIV

Dieses Buch gehört

Name: ....

Adresse: ....

E-Mail: ....

Telefon: ....

Notfallkontakt: ....

Nutzertipp! Machen Sie Ihren Kalender einzigartig!

Dieser Kalender hat nicht nur viele tolle kreative Ideen, Rezepte und Wissenswertes für Sie, sondern ist auch unverzichtbares Planungsinstrument! Ein täglicher Begleiter, der Ordnung in Ihr Termin-Chaos bringt. Noch individueller können Sie Ihren Kalender gestalten, indem Sie ein Gummiband nehmen und dies um den Kalender befestigen. Das Gummi sollte etwas breiter und fester sein, Sie bekommen es über den Fachhandel oder im Internet. Bei Farbe und Muster haben Sie die Qual der Wahl. Entweder Sie befestigen einen geschlossenen Gummi einfach um den Kalender oder Sie machen zwei Löcher in die Rückseite und befestigen das Band mit einem Knoten. So können lose Notizen oder Merkzettel nicht mehr herausfallen oder verloren gehen. Außerdem können Sie Ihren Kalender mit verschiedenen Stickern und Stiften noch persönlicher und übersichtlicher gestalten, um Wichtiges hervorzuheben. So wird Ihr Kalender exklusiv und einzigartig.

Video

Zu allen DIY-Ideen finden Sie eine Videoanleitung auf unserem Youtube-Kanal „einfach kreativ". Lassen Sie sich auf **www.youtube.com/einfachkreativ** inspirieren!

Die Videos zu den aktuellen Rezepten aus den werktäglichen ARD Buffet-Sendungen gibt es auf **www.ard-buffet.de.** oder in der **ARD-Buffet-App** direkt auf Ihr Smartphone!

Blumen

Garten

Kreative Ideen

Ernährung & Gesundheit

Nützliches

Rezepte

Gefühlstagebuch

Mit unseren Gefühlen bewusst zu leben, ist eine große Bereicherung. Notieren Sie im Gefühlstagebuch die wichtigen Momente des Jahres und erinnern Sie sich regelmäßig, was bisher geschah. Malen Sie außerdem jeden Tag eine Form des entsprechenden Monats aus und behalten Sie Ihre Gefühle im Blick.

Inhalt

Jahresübersicht 2022	06
Geburtstagskalender	08
Januar	10
Februar	22
März	32
Gefühlstagebuch	44
April	46
Mai	56
Juni	68
Gefühlstagebuch	78
Juli	80
August	90
September	102
Gefühlstagebuch	114
Oktober	116
November	128
Dezember	140
Gefühlstagebuch	154
Ferien	156
Jahresübersicht 2023	158
Impressum	160

Jahresübersicht 2022

JANUAR
Mo		3	10	17	24	31
Di		4	11	○	◐	
Mi		5	12	19	26	
Do		6	13	20	27	
Fr		7	14	21	28	
Sa	1	8	15	22	29	
So	●	◐	16	23	30	

FEBRUAR
Mo		7	14	21	28
Di	●	◐	15	22	
Mi	2	9	○	◐	
Do	3	10	17	24	
Fr	4	11	18	25	
Sa	5	12	19	26	
So	6	13	20	27	

MÄRZ
Mo		7	14	21	28
Di	1	8	15	22	29
Mi	●	9	16	23	30
Do	3	◐	17	24	31
Fr	4	11	○	◐	
Sa	5	12	19	26	
So	6	13	20	27	

APRIL
Mo		4	11	18	25
Di		5	12	19	26
Mi		6	13	20	27
Do		7	14	21	28
Fr	●	8	15	22	29
Sa	2	◐	○	◐	●
So	3	10	17	24	

MAI
Mo		2	◐	○	23	●
Di		3	10	17	24	31
Mi		4	11	18	25	
Do		5	12	19	26	
Fr		6	13	20	27	
Sa		7	14	21	28	
So	1	8	15	◐	29	

JUNI
Mo		6	13	20	27
Di		◐	○	◐	28
Mi	1	8	15	22	●
Do	2	9	16	23	30
Fr	3	10	17	24	
Sa	4	11	18	25	
So	5	12	19	26	

ARD Buffet

Geburtstagskalender

Januar
Tag   Name   Geschenkidee

Februar
Tag   Name   Geschenkidee

März
Tag   Name   Geschenkidee

April
Tag   Name   Geschenkidee

Mai
Tag   Name   Geschenkidee

Juni
Tag   Name   Geschenkidee

Juli

Tag	Name	Geschenkidee

August

Tag	Name	Geschenkidee

September

Tag	Name	Geschenkidee

Oktober

Tag	Name	Geschenkidee

November

Tag	Name	Geschenkidee

Dezember

Tag	Name	Geschenkidee

Diesen Monat:

- Wissenswertes über Nüsse
- Vogelfutter-Anhänger
- Kerzenhalter aus Treibholz
- Diese Lebensmittel gehören in jede Vorratskammer
- So werden Sie noch glücklicher ...
- Winterliche Makkaroni mit Speck, Käse und Apfelmus
- Dampfnudeln mit Vanillesauce

Januar

In einem herzlichen Satz ist genug Wärme für den Winter.

Lao-Tse, 6. Jahrhundert v. Chr.

KW 52
Neujahr

1
Samstag

2
Sonntag

Die kreative Idee
Lisa Tihanyi

Kerzenhalter aus Treibholz

Halten Sie als Erstes Teelichter an das Treibholz in der Größe Ihrer Wahl und testen Sie, wie viele Löcher gebohrt werden müssen. Markieren Sie dann mit der Spitze eines Forstnerbohrers, die den Durchmesser von 42 Millimetern hat, wo die Teelichter sitzen sollen. Nun die entsprechende Anzahl an Löchern für die Teelichter bohren. Die Mulden sollten mindestens 0,5 cm tief sein, sodass sie einen guten Halt haben. Allerdings sollte das Teelicht auch nicht darin „versinken", damit das Holz kein Feuer fangen kann. Jetzt mit dem Schleifpapier die Bohrlöcher abschleifen und mit goldenem Klebeband die Teelichter umkleben. Nun können die Teelichter nach Lust und Laune im Treibholz platziert werden.

Vogelfutter-Anhänger

Die kreative Idee
Lisa Tihanyi

So geht's
Erhitzen Sie 100 g Kokosöl/- fett in einem Topf und rühren Sie loses Streufutter, etwa 100 – 150 g, in das flüssige Kokosöl ein. Rühren Sie so viel Futter ein, bis keine Lücken mehr vorhanden sind. Das Kokosöl-Körner-Gemisch in eine Silikonform mit kleinen Förmchen füllen, z. B. Muffinförmchen. Wenn die Form (z. B. Gugelhupf-Form) schon ein Loch in der Mitte hat: super. Wenn nicht: Einfach ein Holzstäbchen oder einen Strohhalm in die Mitte stecken, so dass ein Loch zum Aufhängen entsteht. Das Gemisch aushärten lassen – am schnellsten geht es im Gefrierfach! Wenn die Vogelplätzchen gut durchgehärtet sind, können sie aus der Form herausgenommen werden. Zu guter Letzt können die leckeren Plätzchen an einem schönen Ast oder einem Ring aus Holz oder Metall befestigt werden. So haben die Vöglein eine Sitzgelegenheit und können besser an das Futter gelangen. Eine tolle Dekoration ist es noch dazu!

Wissenswertes über Nüsse

Ob im Salat, im Pesto oder im Kuchen: Nüsse sind vielseitig einsetzbar. Neben gesunden Fetten enthalten sie viele Ballaststoffe, Vitamine, Mineralstoffe und Spurenelemente, die Krankheiten vorbeugen.
Einkauf: Nüsse sind anfällig für Schimmel und sollten daher keine dunklen Stellen aufweisen. Ideal ist es, Nüsse ungeschält zu kaufen, so sind sie länger haltbar. Bei geschälten Nüssen auf eine luftdichte und intakte Verpackung achten.
Lagerung: Nüsse in der Schale sollten möglichst luftig gelagert werden. Geschälte Nüsse möglichst bald verzehren, da sie schnell ranzig werden können.
Menge: Nüsse sind gesund, aber gehaltvoll. Die Handinnenfläche ist ein guter Richtwert für die tägliche Menge.

KW 1

Januar

3
Montag

4
Dienstag

5
Mittwoch

6
Donnerstag

Heilige Drei Könige

7
Freitag

8
Samstag

9
Sonntag

Rezept des Monats
Winterliche Makkaroni mit Speck, Käse und Apfelmus
von Sören Anders

Rezept für 4 Personen
Zubereitungszeit:
45 Minuten

Für das Apfelmus:
- *600 g säuerliche Äpfel*
- *3 EL Zitronensaft*
- *½ Zimtstange*
- *Etwas Zucker*

Für die Makkaroni:
- *2 Zwiebeln*
- *1 Knoblauchzehe*
- *400 g Kartoffeln, fest kochend*
- *100 g Speckwürfel*
- *450 ml Gemüsebrühe*
- *250 g Sahne*
- *250 g Makkaroni*
- *80 g Bergkäse*
- *Etwas Salz*
- *Etwas Pfeffer aus der Mühle*

1 Grob geschnittene Apfelstücke, Zitronensaft, Zimt und etwas Wasser in einen Topf geben, zugedeckt aufkochen. Bei schwacher Hitze köcheln lassen, bis das Fruchtfleisch zerfällt.

2 Äpfel durch ein Passiergerät oder grobes Sieb passieren. Apfelmus nach Belieben mit etwas Zucker abschmecken. Auskühlen lassen.

3 Kartoffeln schälen, waschen, abtropfen lassen und in Würfel schneiden.

4 Gemüsebrühe und Sahne in einem großen Topf aufkochen. Kartoffeln und Makkaroni untermischen, unter Rühren wieder sacht aufkochen. Zugedeckt bei schwacher Hitze circa 10 Minuten garen, bis die Nudeln noch leichten Biss haben und die Flüssigkeit aufgesogen ist. Gegebenenfalls noch etwas heißes Wasser angießen, alles sämig einkochen lassen.

5 In der Zwischenzeit Zwiebeln abziehen und in Ringe schneiden. Knoblauch schälen und in Scheiben schneiden.

6 Speck in einer beschichteten Bratpfanne ohne Fett anbraten. Zwiebeln und Knoblauch zugeben und alles unter Wenden goldbraun braten.

7 Käse grob reiben. Die gekochten Nudeln und Kartoffeln vom Herd ziehen und den Käse darunter mischen und schmelzen lassen. Mit Salz und Pfeffer abschmecken.

8 Speck-Zwiebel-Mischung vor dem Servieren auf dem Makkaroni-Mix verteilen. Das Apfelmus dazu servieren.

Januar

10
Montag

KW 2

11
Dienstag

12
Mittwoch

13
Donnerstag

14
Freitag

15
Samstag

16
Sonntag

KW 3

Januar

17
Montag

18
Dienstag

19
Mittwoch

20
Donnerstag

21
Freitag

22
Samstag

23
Sonntag

Diese Lebensmittel gehören einfach in jede Vorratskammer

- Dosen-Tomaten enthalten viel mehr gesunde Inhaltsstoffe als die, die importiert werden. Außerdem beinhalten sie auch doppelt so viel Lycopin, welches entzündungshemmend wirkt.
- Haferflocken können süß und herzhaft verarbeitet oder als Soßenbinder eingesetzt werden, indem sie klein gemixt werden. Außerdem enthalten sie cholesterinsenkende Ballaststoffe!
- Rote Linsen kann man vielfältig und abwechslungsreich verwenden: Sie sind lecker im Curry, in der Suppe, als Salat, als Bratlinge ... und sie sind sehr nahrhaft.
- Im Gefrierfach darf Tiefkühl-Gemüse nicht fehlen. Es kann aufgetaut und angebraten werden und enthält genauso viele Vitamine wie frisches Gemüse.

 ## So werden Sie noch glücklicher ...

... Singen, Sex und Sport – allein eines der drei Dinge lässt unseren Oxytocin-Spiegel, unser Glücks- und Kuschelhormon im Gehirn immens ansteigen. Alle negativen Stressgefühle werden gemindert. Auch eine feste, innige Umarmung von wenigen Minuten oder auch nur das Berühren eines vertrauten Menschen oder eines Haustieres führt dazu, dass wir uns sofort entspannen. Führen Sie lange Gespräche mit den Personen, die Sie vermissen! Selbst Gespräche auf Distanz via Telefon oder Videoübertragung schaffen emotionale Nähe und beruhigen. Singen Sie unter der Dusche, entspannen Sie bewusst auf der Couch mit einem Buch oder Musik, probieren Sie ein neues Kochrezept aus, und pflegen Sie Ihr größtes Sinnesorgan: die Haut. Und auch Bewegung wirkt positiv auf die Botenstoffe in Ihrem Körper. Psychischer Stress wird abgebaut und Frischluft stärkt Ihr Immunsystem.

KW 4

Januar

24 Montag

25 Dienstag

26 Mittwoch

27 Donnerstag

28 Freitag

29 Samstag

30 Sonntag

Dampfnudeln mit Vanillesauce und geschmorten Äpfeln
von Rainer Klutsch

Rezept für 4 Personen
Zubereitungszeit: 1,5 Stunden

Für den Dampfnudelteig:
- *150 g Butter*
- *250 ml Milch*
- *40 g frische Hefe*
- *100 g Zucker*
- *2 Eigelb*
- *500 g Weizenmehl Type 405*
- *1 Prise Salz*

Zum Garen der Dampfnudeln:
- *Etwas Milch*
- *1 TL Zucker*

Für die Äpfel:
- *2 säuerliche Äpfel (z.B. Boskop)*
- *20 g Butterschmalz*
- *2 EL Zucker*
- *1 Msp. Zimt*

Für die Vanillesauce:
- *200 g Sahne*
- *20 g Zucker*
- *1 Vanilleschote*
- *3 Eigelb*

1. Butter schmelzen und Milch lauwarm erwärmen. Etwa 50 ml der Milch abnehmen und in eine Schüssel geben, die Hefe zugeben und darin auflösen.

2. Zucker und Eigelbe schaumig rühren, Butter und Milch zugeben und verquirlen.

3. Mehl und Salz in eine Schüssel geben, die Milch-Ei-Butter-Mischung und die Hefe zugeben und zu einem glatten Teig kneten. An einem warmen Ort circa 30 Minuten ruhen lassen, bis er sein Volumen fast verdoppelt hat.

4. Den Teig in 6 – 8 Portionen teilen und zu Kugeln formen. Die Teigkugeln bedecken und weitere 10 Minuten gehen lassen.

5. In einen hochwandigen Topf etwa 1 cm hoch Milch gießen und Zucker dazugeben. Die Teig-Kugeln mit etwas Abstand einlegen. Den Deckel auflegen. Sachte erhitzen und die Dampfnudeln zugedeckt circa 25 Minuten bei mittlerer Hitze garen. Den Deckel nicht öffnen.

6. Die Äpfel in kleine Würfel schneiden. Butterschmalz in einem Topf schmelzen, Zucker und Apfelwürfel zugeben und fünf Minuten bei mittlerer Hitze schmoren. Den Topf vom Herd ziehen und Zimt unter die Äpfel mischen.

7. Für die Vanillesauce Sahne und Zucker in einen Topf geben. Die Vanilleschote der Länge nach aufschneiden, das Mark herausstreichen, beides in den Topf geben und die Sahne aufkochen. Die Temperatur reduzieren.

8. Die Eigelbe kurz anschlagen, unter Rühren in die heiße Sahne geben, schaumig aufschlagen, andicken lassen. Anrichten und servieren.

KW 5

31
Montag

Januar

Diesen Monat:

Bratkartoffelsalat mit Speckchips

Schüsselhauben nähen

Teelichthalter aus Modelliermasse

4 einfache Stoffwechsel-Übungen

Gesund und schön mit Äpfeln

Wissenswertes über Geld

Februar

Guter Rat ist wie Schnee. Je leiser er fällt, desto länger bleibt er liegen.

Finnisches Sprichwort

KW 5

1
Dienstag

2
Mittwoch

3
Donnerstag

4
Freitag

5
Samstag

6
Sonntag

Rezept des Monats
Bratkartoffelsalat mit Speckchips und pochiertem Ei

von Jacqueline Amirfallah

Rezept für 4 Personen
Zubereitungszeit: 3 Stunden

Für den Salat:
- 1 kg Kartoffeln, festkochend
- Etwas Salz
- 1 Zwiebel
- 60 ml Weißweinessig
- Etwas Zucker
- Etwas Pflanzenöl zum Anbraten
- ½ Bund Dill
- ½ Bund glatte Petersilie
- ½ Bund Schnittlauch
- 2 Gartenkresse-Schälchen
- 1 EL Senf
- 150 ml Gemüsebrühe
- Etwas Pfeffer aus der Mühle
- ¼ Salatgurke
- 4 Radieschen
- 3 Lauchzwiebeln

Für Speck und Eier:
- 100 g geräucherter Speck, dünn aufgeschnitten
- 1 Spritzer Weißweinessig
- 4 frische Eier

1. Kartoffeln in leicht gesalzenem Wasser weichkochen, pellen und auskühlen lassen. Den Ofen auf 200 Grad Ober- und Unterhitze vorheizen.

2. Essig mit der gleichen Menge Wasser in einen Topf geben und pikant mit Salz und Zucker abschmecken. Den Sud aufkochen, geschnittene Zwiebelringe hineingeben, den Topf vom Herd ziehen, Zwiebelringe im Sud erkalten lassen.

3. Speck auf ein Blech mit Backpapier legen, mit Backpapier bedecken, mit einer Auflaufform beschweren und 6 Minuten knusprig backen.

4. Kartoffeln in dünne Scheiben schneiden und anbraten. Dill und Petersilie abzupfen, Schnittlauch fein schneiden. Einige Kräuter für die Deko beiseitelegen. Restlichen Dill, Petersilie, Schnittlauch und Kresse mit dem Senf und der Brühe fein mixen, bis diese möglichst grün ist. Mit Salz, Zucker und Pfeffer abschmecken.

5. Gurke halbieren und die Kerne ausstreichen. In kleine Würfel schneiden, leicht salzen und ziehen lassen. Radieschen und Lauchzwiebeln ebenfalls in feine Scheiben schneiden.

6. Für die Eier reichlich Wasser in einem Topf aufkochen und Essig zugeben. Die Eier in einer Tasse aufschlagen. Mit einem Schneebesen einen Strudel im kochenden Wasser erzeugen, nach und nach die Eier ins kochende Wasser gleiten lassen. Bei schwacher Hitze 3 Minuten pochieren.

7. Die Kräutersauce über die Bratkartoffeln geben, Zwiebelringe und das restliche Gemüse untermischen und mit Ei und Speck schön anrichten.

Februar

7
Montag

KW 6

8
Dienstag

9
Mittwoch

10
Donnerstag

11
Freitag

12
Samstag

13
Sonntag

KW 7

14 Montag

15 Dienstag

16 Mittwoch

17 Donnerstag

18 Freitag

19 Samstag

20 Sonntag

Februar

Schüsselhauben selbst nähen

Die kreative Idee
Lisa Tihanyi

Frischhalte- und Alufolien können endgültig aus dem Haushalt verbannt werden, denn jetzt kommen wiederverwendbare Hauben zum Einsatz!

Übertragen Sie mit Schneiderkreide oder Trickmarker den Umfang Ihrer Schüssel auf ein Stück beschichtete Baumwolle und vergrößern Sie den Umfang um fünf Zentimeter. Dieser Kreis wird auf ein zweites Stück beschichteter Baumwolle übertragen. Legen Sie die beiden Kreise rechts auf rechts aufeinander und nähen Sie sie mit einem Geradstich zusammen. Lassen Sie dabei eine Wendeöffnung von mindestens fünf Zentimeter. Mit einer Zickzackschere schneiden Sie die Nahtzugabe nah an der Naht ab. Nun auf rechts wenden und die Ränder ausarbeiten, damit die Haube schön rund wird. Für einen Tunnelzug nähen Sie etwa einen bis zwei Zentimeter vom Rand entfernt um den gesamten Kreis herum. Befestigen Sie ein Gummiband (Länge = Umfang der Schüssel + 5 cm) an einer Sicherheitsnadel und fädeln Sie das Band durch den Tunnelzug. Stecken Sie die beiden Enden des Gummizugs nun zusammen und stülpen Sie die Haube probeweise über die Schüssel. Den Gummizug so zurecht ziehen, dass die Haube noch gut über die Schüssel passt, aber nicht zu locker sitzt. Jetzt können die Enden des Gummizugs vernäht werden. Am Schluss nur noch die Wendeöffnung schließen und schon ist die tolle DIY-Schüsselhaube selbstgemacht!

Wissenswertes über Geld

Geld verbrannt oder kaputt? Wenn mehr als die Hälfte des Scheines noch vorhanden ist, bei der Bank gegen einen neueren Schein tauschen oder zur Deutschen Bundesbank schicken. Ein neuer Schein kommt zurück. Aber Achtung! Wer absichtlich Scheine beschädigt, bekommt nichts zurück. **Finderlohn gefällig?** Wer 10 Euro oder weniger findet, darf das Geld tatsächlich behalten. Mehr als 10 Euro müssen im Fundbüro abgegeben werden. Bei Beträgen bis 500 Euro liegt der Finderlohn bei fünf Prozent, bei mehr als 500 Euro gibt es drei Prozent für die Finderin oder den Finder. **Vorsicht Falschgeld!** So prüfen Sie das Geld auf Echtheit: **Rand befühlen, Wasserzeichen und Hologramme auf Sichtbarkeit prüfen.** Falschgeld muss bei der Polizei abgegeben werden!

KW 8

21
Montag

Februar

22
Dienstag

23
Mittwoch

24
Donnerstag

25
Freitag

26
Samstag

27
Sonntag

Vier einfache Übungen, die den Stoffwechsel ankurbeln

Übung 1: Kreuzer
Ausführung: Beine und Arme anheben und vorne und hinten überkreuzen. Diese Übung ist eine sehr gute Herz-Kreislauf-Übung mit gleichzeitiger Konzentrationssteigerung durch das Überkreuzen von Armen und Beinen.
Wiederholungen: 3 x 20 – 30 Stück.

Übung 2: Bergsteiger
Ausführung: An einem Tisch abstützen und abwechselnd ein Knie ranschieben bzw. anheben. Dabei die Schultern ganz locker lassen! Die Übung steigert das Herz-Kreislauf-System und kräftigt die Beine.
Dauer: 1 Minute

Übung 3: Hula Hoop – ohne Reifen
Ausführung: Die Hüften kreisen! Das lockert die Muskeln – mit und ohne Reifen.
Dauer: 1 – 2 Minuten

Übung 4: Seitensprung
Ausführung: Springen Sie über einen Stab oder Besenstiel. Mit dieser Übung schulen wir das Herz-Kreislauf-System und verbessern die Koordination. Jeweils von links nach rechts und von rechts nach links springen. Ideal für Einsteiger und für Fortgeschrittene.
Wiederholung: 2 x 20 – 30 Stück

Die kreative Idee
Lisa Tihanyi

Sukkulenten-Teelichthalter aus Modelliermasse

Weiße sowie grüne Modelliermasse in der Hand zu einer Kugel rollen und zu Tropfen formen. Um einen schönen Farbverlauf hinzubekommen, rollen Sie mit einem Acrylroller über die Tropfen, bis die Masse ungefähr 0,5 cm dünn ist. Das Stück wird nun einmal in der Mitte gefaltet. Darauf die zusammengefaltete Modelliermasse wieder mit dem Acrylroller dünn ausrollen, dann erneut falten. Diese Schritte wiederholen Sie so oft, bis Sie mit dem Farbverlauf zufrieden sind. Nehmen Sie eine Navette-Form und stechen Sie 5 große und 5 kleine Tropfen aus, welche rundherum am gebogenen Rand einer ofenfesten Schale platziert werden, damit sie Rundungen annehmen. Die Modelliermasse nun mitsamt der Schale in den Ofen stellen und aushärten lassen. Zum Schluss auf der Rückseite eines Glasteelichthalters einen Klebepunkt setzen und die Blütenblätter ringsherum anordnen. Zuerst die kleinen Blütenblätter kleben, dann in die Mitte wieder einen Klebepunkt setzen und die großen Blätter darauf kleben.

KW 9

Rosenmontag

28
Montag

Februar

 ## Gesund und schön mit Äpfeln

Apfelessig ist ein wahres Schönheitswunder. Schon im Mittelalter wusste man um die keimtötenden und heilenden Eigenschaften des Essigs und hat ihn zur Wundreinigung genutzt. Doch auch in der Schönheitspflege hat der Apfelessig einen festen Platz. Durch seine Frucht- und Essigsäure zieht er die Poren zusammen, beruhigt entzündliche und unreine Haut und nimmt den Juckreiz. Durch seinen pH-Wert, der dem der Haut sehr ähnlich ist, hat er eine regulierende, ebnende und sehr sanfte Wirkung.

Diesen Monat:

- Gewürze für die Verdauung
- So macht Lesen noch mehr Spaß!
- Fruchtjoghurt: Zuckerfalle oder gesund?
- Apfel-Beeren-Vollkorn-Muffins
- Spinatquiche mit geräucherter Forelle
- Papierblumen-Geschenkebox
- Blumenwandbild
- Gute-Laune-Tee selbst machen
- Tischdeko fürs Candle-Light-Dinner
- Schmuckhalter aus einem alten Bilderrahmen

März

*Jeder, der sich die Fähigkeit erhält,
Schönes zu erkennen, wird nie alt werden.*

Franz Kafka (1883 – 1924)

KW 9

1
Dienstag

Aschermittwoch

2
Mittwoch

3
Donnerstag

4
Freitag

5
Samstag

6
Sonntag

Die kreative Idee
Lena Yokota-Barth

Papierblumen-Geschenkebox

Einfache und langweilige Geschenkverpackungen waren gestern, hier ist die Idee für Sie.

Malen Sie unterschiedlich große Kreise mit einem Zirkel auf verschiedenfarbiges Tonpapier und schneiden Sie die Kreise anschließend aus. Teilen Sie nun mit dem Bleistift den Kreis schneckenförmig ein und schneiden Sie entlang der Linie, so dass am Ende in der Mitte ein kleiner Kreis bleibt. Jetzt wird das Papier von außen nach innen aufgerollt. Das bisher Aufgerollte kann immer wieder mit einer Heißklebepistole fixiert werden, damit die Blume auch ihre Form behält. Wenn das Papier komplett aufgerollt ist, wird die Blume mit der Heißklebepistole auf dem kleinen Kreis in der Schneckenmitte befestigt – die erste Blume ist fertig! Sie können eine verschiedene Anzahl von unterschiedlich großen Blüten auf Ihrer Box anbringen. Zusätzlich kann man noch Blätter aus grünem Tonpapier zuschneiden. Anschließend nach und nach mit Heißkleber die Blüten auf dem Deckel anbringen. Die Blätter nach Wunsch verteilen und ebenfalls mit Kleber befestigen: Fertig ist die Geschenkebox – und sie kommt von Herzen!

Die kreative Idee
Nadine Weckardt

Blumenwandbild mit Stiefmütterchen

Immer nur die Stiefmütterchen im Topf? Das ist doch viel zu langweilig! Floristin Nadine Weckardt zeigt Ihnen eine abwechslungsreiche Variante, mit der Ihre Stiefmütterchen eine einzigartige Form annehmen.

Zupfen Sie von etwa 2 – 3 Töpfen Stiefmütterchen-Blüten vom Stiel. Die Stiele können entsorgt werden. Die Blüten einzeln für 14 Tage in einem dicken Buch pressen, anschließend herausnehmen und auf eine Doppel-Glasplatte auflegen. Eine zweite Glasplatte darauflegen, den Glasrahmen einpassen, aufhängen und fertig! **Tipp:** Die Blüten müssen lang genug im Buch gepresst werden, damit keine Kondensation zwischen den Glasscheiben entsteht.

KW 10

7
Montag

8
Dienstag

März

9
Mittwoch

10
Donnerstag

11
Freitag

12
Samstag

13
Sonntag

KW 11

14
Montag

15
Dienstag

16
Mittwoch

17
Donnerstag

18
Freitag

19
Samstag

20
Sonntag   Frühlingsanfang

Apfel-Beeren-Vollkorn Muffins
von Cynthia Barcomi

Rezept für 12 Muffins
Zubereitungszeit: 45 Minuten

- 100 g TK-Beerenmischung
- 1 Apfel
- Etwas Butter zum Ausfetten
- 200 g Vollkornmehl
- 2 TL Backpulver
- ½ TL Natron
- 1 Prise Salz
- 1 EL Honig
- 250 g Naturjoghurt
- 100 g Haferflocken, kernig
- 50 g Rohrohrzucker
- 100 ml Pflanzenöl
- 2 Eier (Gr. M)
- 80 ml Vollmilch

1 Die TK-Beeren zum Auftauen in ein Sieb geben und über einer Schüssel abtropfen lassen.

2 Den Apfel waschen, entkernen und grob raspeln. Den Backofen auf 190 Grad Umluft vorheizen. Eine 12er Muffinform ausbuttern und beiseitestellen. Mehl, Backpulver, Natron und Salz vermengen.

3 Aufgetaute Beeren, geraspelter Apfel, Honig, Haferflocken und Joghurt in eine große Schüssel geben und miteinander vermischen.

4 Den Rohrohrzucker mit dem Pflanzenöl in einer Rührschüssel aufschlagen. Die Eier und die Milch dazugeben und mit einem Schneebesen alles gründlich verschlagen.

5 Das Mehl-Gemisch zu den flüssigen Zutaten hinzufügen und mit einem Holzlöffel oder Gummispachtel vermischen. Jetzt die Mischung aus Beeren, Apfel, Joghurt und Haferflocken hinzugeben und kurz verrühren.

6 Die Masse gleichmäßig auf die Muffinform verteilen und im Backofen ungefähr 21 – 23 Minuten backen.

Tipp: Die Muffins warm mit etwas Butter servieren!

März

21
Montag

22
Dienstag

23
Mittwoch

24
Donnerstag

25
Freitag

26
Samstag

27
Sonntag

Beginn der Sommerzeit

Gute-Laune-Tee selbst machen

Die teuren Teebeutel aus dem Supermarkt können Sie ab jetzt getrost liegen lassen. Mit diesem leckeren Tee haben Sie die Gewissheit, dass nur das drin ist, was nach Ihren Wünschen auch rein soll.

Der Tee auf der Basis von weißem Tee mit Rosenknospen und Holunderblüten hat eine beruhigende und entspannende Wirkung. Er ist eine Wohltat für Leib und Seele. Die Zutaten können nach Geschmack und Belieben variiert werden.

Einkaufsliste:
- 4 TL Verveine
- 4 TL Weißen Tee – Pai Mu Tan
- 8 Rosenknospen
- 3 TL Holunderblüten
- 3 TL Himbeer- und Erdbeerblätter

Den Tee 6 Minuten ziehen lassen.

März

So macht Lesen noch mehr Spaß!

- **Schlafen beim Lesen die Glieder ein?** Schonen Sie ihre Arme indem Sie einfach Kissen stapeln und das Buch darauf ablegen.
- **Wo war ich noch gleich?** Ein großes Gummiband markiert die Seite und eine Büroklammer die Zeile.
- **Nasse Bücher retten:** Das Buch in einen Gefrierbeutel packen und ins Eisfach legen und nach 1 – 2 Wochen wieder herausnehmen. Die Tinte verläuft nicht und die Seiten wellen sich kaum.

Tischdeko fürs Candle-Light-Dinner

Die kreative Idee
Nadine Weckardt

Zeit für Zweisamkeit. Mit Kerzenlicht und der passenden Tischdeko, die von Herzen kommt, gibt es jedes Mal Romantik pur!

Sie benötigen etwa 2 – 3 abgeblühte Rosenköpfe, von denen Sie die Blütenblätter lösen. Dann die Blüten zusammenfalten und auf einen Nelken-Stützdraht ziehen. Formen Sie den Draht zu einem Herz und verzwirbeln Sie die Drahtenden miteinander.
Tipp: Wer sich gerne etwas länger an einen schönen Abend erinnern möchte, kann das Herz auch trocknen und aufhängen.

Rezept des Monats

Spinatquiche mit geräucherter Forelle
von Sybille Schönberger

Rezept für 6 Personen
Zubereitungszeit: 2 Stunden

Für den Teig:
- 200 g Mehl ♦ 1 Ei
- 100 g Butter ♦ 1 Prise Salz
- Etwas Fett für die Form
- 500 g Hülsenfrüchte

Für die Füllung:
- 500 g frischer Blattspinat
- 1 Zwiebel ♦ 1 EL Butter
- 350 g geräucherte Lachsforelle ohne Haut
- 350 g geräuchertes Forellenfilet ohne Haut
- 1 Bio-Zitrone
- 300 g Crème fraîche
- 3 Eier
- Etwas Salz
- Etwas Pfeffer aus der Mühle

Für den Salat:
- 400 g Rote Bete
- 1 Schalotte
- 1 Bund Schnittlauch
- 3 EL Apfelessig
- 2 TL scharfer Senf
- 50 ml Rapsöl
- Etwas Salz
- Etwas schwarzer Pfeffer aus der Mühle
- 1 Prise Zucker
- 2 schwarze Nüsse (eingelegte Walnüsse)

1 Das Mehl in eine Schüssel sieben. Ei und die Butter dazugeben und mit der Prise Salz zu einer Teigkugel kneten (eventuell 1 – 2 EL kaltes Wasser zugeben). Teig abgedeckt 30 Minuten im Kühlschrank ruhen lassen.

2 Spinat waschen und abtropfen lassen. Zwiebel schälen, fein schneiden. Butter erhitzen, Zwiebel darin glasig anschwitzen. Spinat zugeben und zusammenfallen lassen.

3 Spinat auf ein Sieb geben und abtropfen lassen. Wenn er etwas abgekühlt ist, gut ausdrücken. Ofen auf 200 Grad (Umluft: 180 Grad/Gasherd: Stufe 3) vorheizen.

4 Eine Springform Ø 26 cm einfetten und den Teig auf einer bemehlten Fläche dünn ausrollen und in die Form legen, dabei einen 3 – 4 cm Rand hochziehen. Überlappende Teigränder mit einem Messer abschneiden.

5 Damit der Teig beim Backen seine Form behält, wird er etwas vorgebacken. Dafür ein Backpapier auf den Teig legen und darauf Hülsenfrüchte verteilen. Teig in der Form im Backofen 10 – 15 Minuten backen.

6 Vorhandene Gräten aus dem Rauchfisch entfernen. Fisch in kleine Stücke schneiden. Zitrone abwaschen, etwas Schale abreiben und den Saft auspressen.

7 Spinat mit den Fischstücken vermischen. Crème fraîche, Eier, Zitronenabrieb und Zitronensaft mit einem Rührgerät verquirlen. Sauce vorsichtig unter die Fisch-Spinatmischung heben. Mit Salz und Pfeffer abschmecken.

8 Nach dem Blindbacken Backpapier und Hülsenfrüchte aus der Kuchenform entfernen. Die vorbereitete Füllung auf den vorgebackenen Teig geben und etwa 40 Minuten backen, bis sie goldbraun ist.

9 Für den Salat die Rote Bete schälen und diese dann in feine Streifen schneiden. Schalotte und Schnittlauch ebenfalls fein schneiden.

10 Aus Essig, Senf, Öl, etwas Salz, Pfeffer und Zucker ein Dressing rühren.

11 Rote Bete mit Schalotten und Schnittlauch in einer Schüssel mischen und mit dem Dressing marinieren. Die schwarzen Nüsse in dünne Scheiben schneiden und darauf dekorieren.

12 Die gebackene Quiche in der Form etwas stocken lassen, dann vorsichtig aus der Form nehmen und lauwarm mit dem Salat servieren.

Gewürze für eine gute Verdauung

Etwa jeder siebte Deutsche klagt über Verdauungsstörungen. Mit bestimmten Gewürzen können Sie Ihrer Verdauung auf die Sprünge helfen.

Anis
Das darin enthaltene ätherische Öl Anethol hat eine krampflösende Wirkung. Es lockert auch die Muskeln und kann Bauchschmerzen lindern.

Fenchel
Hilft bei Krämpfen und allgemeinen Magen-Darm-Beschwerden. Ein gutes Mittel gegen übersäuerten Magen ist gekochter Fenchel in Kombination mit Kartoffeln.

Kümmel
Wirkt krampflösend, blähungstreibend, appetitanregend und fördert die Durchblutung der Magen-Darm-Schleimhaut.

Kurkuma
Die Heilpflanze regt die Produktion von Gallenflüssigkeit an. Sie hilft so bei Verstopfungen und Völlegefühl. Durch die Zugabe beim Essen, macht sie fette Speisen besser verträglich.

Upcycling: Schmuckhalter aus einem alten Bilderrahmen

Die kreative Idee
Lisa Tihanyi

Als erstes bauen Sie einen alten Bilderrahmen auseinander. Die Glasscheibe und das Rückenteil des Rahmens werden nicht mehr benötigt. Nun übertragen Sie die Form des Innenteils des Rahmens auf ein Wiener Geflecht in der Größe des Rahmens. Dafür können Sie die Glasscheibe als Vorlage nutzen. Jetzt schneiden Sie das Rechteck aus dem Wiener Geflecht aus, dieses sollte genau in den Innenbereich des Bilderrahmens passen. Nun drehen Sie den Rahmen auf die Rückseite und kleben das Geflecht an den Bilderrahmen – so, dass die Klebestellen von vorne nicht mehr sichtbar sind. Im nächsten Schritt zeichnen Sie mit einem Bleistift an der unteren Kante des Rahmens an, wo eine beliebige Anzahl an Schraubhaken für den Schmuck hinkommen. Achten Sie darauf, dass die Abstände möglichst gleich sind, damit kein Ungleichgewicht entsteht. Bohren Sie die Löcher mit einem feinen Bohraufsatz vor. Drehen Sie dann die Haken einfach in die Löcher hinein. Zum Schluss nur noch Ihren Lieblingsschmuck aufhängen und fertig!

KW 13

28
Montag

März

29
Dienstag

30
Mittwoch

31
Donnerstag

 ### Fruchtjoghurt: Zuckerfalle oder gesund?

Joghurt ist ein klasse Lebensmittel. Wenn man mit vielen Früchten arbeitet, liefern sie auch die guten Inhaltsstoffe des Obstes. Beim Blick auf die Inhaltsstoffe sollte man auf einen möglichst hohen Fruchtanteil und einen sehr niedrigen Zuckeranteil achten. Im Idealfall gilt natürlich: Selber machen! Einen guten fettarmen Joghurt mit frischen kleingeschnittenen Früchten der Saison vermengen, in eine wiederverwendbare Dose füllen und kühlen. Das kann man so überallhin mitnehmen und über den Tag verteilt essen. Besonders gut: Mit Getreideflocken und ein paar Nüssen nach Wahl wird daraus ein super gesundes, leistungssteigerndes Gericht. Wer es süßer haben möchte, kann noch Trockenobst wie Aprikosen, Äpfel oder Rosinen hinzufügen.

Gefühlstagebuch

Malen Sie jeden Tag eine Form passend zu Ihrer Stimmung aus.

Nach jedem Drittel eines Jahres können Sie dann ablesen, wie Ihre Gefühlslage war.

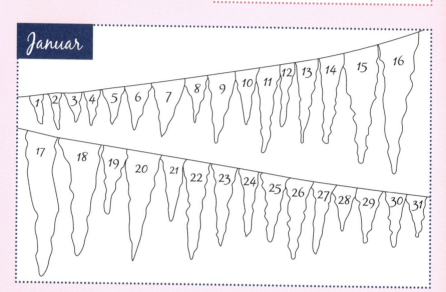

Rückblick auf die letzten Monate

Darauf kann ich mich immer verlassen:

Darüber mache ich mir viel zu oft Gedanken:

Dafür bin ich dankbar:

Meine Ziele für dieses Jahr:

Diesen Monat:

Alkoholfreie Waldmeisterbowle

Schnittlauchquiche mit Rettichsalat

Muffins aus dem Beet

Hasentüte aus einem Milchkarton

Ostereier aus Papier

Genähte Papierhasen

Zauberhafte Blumenleiste

Frischer Kopf

April

*Auf jedes Ende folgt wieder ein Anfang,
auf jedes Äusserste folgt eine Wiederkehr.*

Lü Buwei (* um 300 v. Chr.)

KW 13

1
Freitag

2
Samstag

3
Sonntag

 ## Alkoholfreie Waldmeisterbowle

von Natalie Lumpp

- 0,75 l Kombucha
- 6 EL Grenadine
- 1 Zitrone (ausgepresst)
- 200 g Erdbeeren
- 1 Bund Waldmeister

Lassen Sie Waldmeister anwelken und befestigen Sie ihn an einem Kochlöffel. So können Sie den Waldmeister kopfüber in das Getränk hängen. Die Stiele würden sonst einen bitteren Geschmack abgeben. Dann die Erdbeeren kleinschneiden, mit Kombucha, Grenadine und Zitronensaft in eine Karaffe geben. Anschließend den Waldmeister für 20 Minuten hineinhängen. Zum Schluss heißt es nur noch: Genießen und den Sommer schmecken!

Rezept des Monats
Schnittlauchquiche mit Rettichsalat
von Vincent Klink

Rezept für 4 Personen
Zubereitungszeit: 2 Stunden

Für den Teig:
- 200 g Mehl
- 80 g Butter
- 50 ml Wasser
- 1 Ei
- 1 Prise Salz
- 300 g Hülsenfrüchte zum Blindbacken

Für den Belag:
- 1 Bund Schnittlauch
- 80 g Emmentaler oder Gouda
- 100 g Gruyère
- 50 g Pecorino
- 5 Eier
- 250 g Crème fraîche
- 80 g Sahne
- Etwas Pfeffer aus der Mühle
- 1 Prise Muskat

Für den Salat:
- ½ Bund Schnittlauch
- 1 Stück frischer Ingwer (ca. 1 cm)
- ½ Bio-Zitrone
- 1 EL Weißwein
- 1 TL Sojasauce
- 2 EL Pflanzenöl
- 1 Prise Zucker
- 250 g Rettich

1. Mehl, Butter, Wasser, Ei und Salz zu einem festen Teig verkneten, in Frischhaltefolie wickeln und eine halbe Stunde im Kühlschrank ruhen lassen.

2. Den Schnittlauch in kochendem Wasser blanchieren, herausnehmen, kalt abschrecken und abtropfen lassen. Den Ofen auf 200 Grad Ober- und Unterhitze vorheizen.

3. Boden ausrollen und in eine gefettete Quiche- oder Springform (Ø 26 cm) legen, den Rand etwas hochziehen. Backpapier auf den Teig legen und darauf die Hülsenfrüchte verteilen. Boden 20 Minuten backen.

4. Schnittlauch schneiden und die Käsesorten reiben. Eier mit Crème fraîche und Sahne verquirlen, Käse und Schnittlauch untermischen, mit Pfeffer und Muskat abschmecken.

5. Nach dem Backen Backpapier und Hülsenfrüchte entfernen. Temperatur auf 150 Grad herunterschalten.

6. Käse-Ei-Masse auf dem Teigboden verteilen und etwa 25 Minuten stocken lassen. Wenn man die Kuchenform schüttelt, darf die Masse nicht schwabbeln, sondern nur gummiartig erzittern.

7. Salat: Schnittlauch fein schneiden, Ingwer schälen und fein reiben. Von der Zitrone etwas Schale abreiben und den Saft auspressen.

8. Weißwein, Öl, Sojasauce, Schnittlauch, Ingwer, Zitronenabrieb und einen Spritzer Zitronensaft vermischen und mit Salz, Pfeffer und Zucker abschmecken.

9. Rettich in feine Scheiben hobeln, die Vinaigrette dazu geben und gut untermischen. Alles zusammen anrichten und servieren.

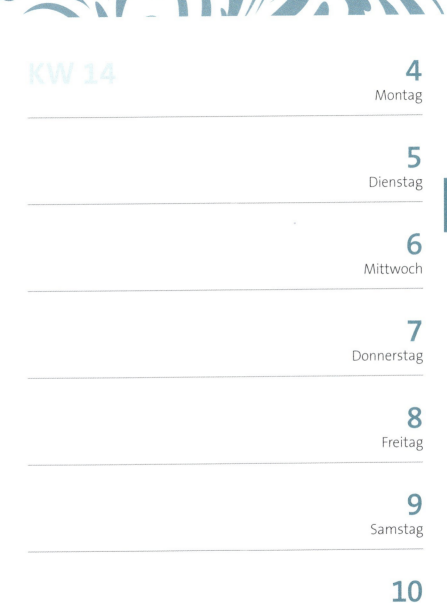

KW 14

4 Montag

5 Dienstag

April

6 Mittwoch

7 Donnerstag

8 Freitag

9 Samstag

10 Sonntag

Palmsonntag

Kreative Ideen für Ostern

Upcycling: Hasentüte aus einem Milchkarton

Die kreative Idee
Lisa Vöhringer

Mit dieser süßen Idee bekommt Ihr Milchkarton ein zweites Leben und wird der Hingucker auf jedem Fest.

Öffnen Sie eine leere und gesäuberte Milchpackung oben und schneiden Sie den oberen Bereich rund herum ab. Nun knautschen Sie die Verpackung ordentlich in den Händen, um das Material weich zu machen und beginnen Sie oben am Rand die folierte Schicht abzuziehen. Anschließend falten Sie die Verpackung mit den Schnittkanten bündig, damit die Hasenohren angezeichnet werden können. Nachdem die Hasenohren zugeschnitten sind, kann nun das Hasengesicht aufgemalt werden. Nun fehlt nur noch der Hasenbommel: Zuerst schneiden Sie ein Wollstück ab und ziehen es durch die mittlere Zinke einer Gabel. Dann nehmen Sie Ihr Wollknäuel und wickeln die Wolle mehrmals eng um die Gabel herum. Führen Sie nun die beiden Wollenden vom Anfang nach oben und fixieren Sie die aufgewickelte Wolle mit einem festen Knoten. Anschließend können Sie das Wollpaket vorsichtig von der Gabel schieben. Mit der Schere fahren Sie nun auf der rechten und linken Seite durch alle gebildeten Wollschlaufen und schneiden diese durch. Zum Abschluss fixieren Sie den Bommel mit etwas Flüssigklebstoff auf der Rückseite des Hasen. Nun ist die Hasentüte bereit mit leckeren Naschereien gefüllt zu werden. Die Tüte kann zum Schluss natürlich noch mit Blumen, Namensschildern oder ähnlichem verziert werden.

Die kreative Idee
Lisa Tihanyi

Ostereier aus Papier

Ostern steht vor der Tür und Sie haben noch keine passende Deko zur Hand? Lisa Tihanyi teilt ihre bezaubernde Idee mit Ihnen!

Zeichnen Sie eine Eier-Schablone mit einem Bleistift auf ein Papier und schneiden Sie sie aus. Um die Form gleichmäßig hinzubekommen, einfach das Papier in der Mitte knicken und doppelseitig ausschneiden. Nun mindestens 5 solcher Papierlagen übereinanderlegen und darauf ausschneiden. Jetzt kann schon genäht werden! Entweder per Hand mit Nadel und Faden oder einfach mit der Nähmaschine einmal längs in der Mitte über das Ei nähen, dafür alle Schichten übereinanderlegen. **Wichtig:** Am oberen Ende die Fäden verlängert hängen lassen. Nun nur noch die einzelnen Lagen auffalten und die Eier am Faden aufhängen. Fertig ist Ihre kleine aber feine Osterdeko!

Muffins aus dem Beet

von Annie Reischmann

Diese Muffins sorgen garantiert für Staunen auf der Ostertafel oder dem Brunch-Buffet. Denn so etwas hat noch niemand gesehen!

So geht's
125 g Butter und 80 g Zucker mit 1 TL Vanille verrühren, 2 Eier nacheinander hinzufügen. 250 g Mehl, 1 Prise Salz, 2 TL Backpulver, 100 g gehackte Schokolade und 40 g Kakao dazugeben und vermischen, beim Rühren nach und nach 125 ml Milch zugeben. Kleine Terrakotta-Töpfchen auf ein Muffinblech stellen, mit Papier-Muffinförmchen auskleiden und den Teig einfüllen. Etwa 25 Minuten bei 180 Grad Umluft backen. In der Zwischenzeit eine Packung dunkle Sandwich-Kekse inklusive der Creme zerkleinern – zum Beispiel in einer Tüte mit dem Nudelholz. Keks-Creme-Krümel mit etwas Frischkäse und Kakao verrühren bis eine Masse entsteht, die aussieht wie feuchte, krümelige Erde. Diese auf die abgekühlten Muffins häufeln. Zum Schluss mit einem Strohhalm ein Loch in den Muffin bohren um dort eine Marzipan-Möhre einzusetzen. Guten Appetit!

Genähte Papierhasen als Geschenkverpackung

Die kreative Idee
Lisa Tihanyi

So geht's
Zeichen Sie eine hübsche Hasenvorlage auf ein buntes DIN A4-Papier auf und schneiden Sie die Form zweimal aus. Legen Sie Hasenformen aufeinander und stecken Sie sie gegebenenfalls mit Klammern zusammen. Nun mit einer Nähmaschine rundherum nähen und am runden Teil unten ca. 5 cm offenlassen. Falls Sie keine Nähmaschine zur Hand haben, kleben Sie die Seiten zusammen. Nun die Hasen befüllen, z. B. mit Süßigkeiten. Dann mit der Nähmaschine oder mit dem Kleber die offene Naht schließen und zum Schluss einen Bommel als Schwänzchen auf der Rückseite anbringen.

11
Montag

KW 15

12
Dienstag

13
Mittwoch

14
Donnerstag

Gründonnerstag

15
Freitag

Karfreitag

16
Samstag

17
Sonntag

Ostersonntag

KW 16
Ostermontag

18
Montag

19
Dienstag

20
Mittwoch

21
Donnerstag

22
Freitag

23
Samstag

24
Sonntag

April

 ## Frischer Kopf

Gutes Frühstück verhindert Energietiefs! Zur Vorbereitung auf einen anstrengenden Tag sollte immer ein nährstoffreiches und ausgewogenes Frühstück eingenommen werden. Ein Müsli aus Nüssen, Haferflocken, Bananen und Vitamin-C-reichem Obst ist dafür ideal. Die Energie des Hafers hält lange an und schützt vor Heißhungerattacken am Vormittag. **Die Lösung für Konzentration am Mittag: Spinat!** Er punktet mit viel Magnesium, Vitamin-B6 und Kalium. Diese Inhaltsstoffe sind für eine normale Funktion des Nervensystems wichtig. Außerdem trägt das im Spinat enthaltene Calcium zu einer normalen Signalübertragung zwischen den Nervenzellen bei.

Die kreative Idee
Leoni Gehr

Zauberhafte Blumenleiste

Zaubern Sie mit Fruchtständen und Blüten aus Ihrem Garten im Nu eine tolle Fensterdeko.

Nehmen Sie eine gerade Holzlatte in der Größe Ihrer Wahl und zeichen Sie auf der horizontalen Achse mittig ein Kreuz mit einem Lineal. Mit einem Forstnerbohrer, welcher ungefähr die Größe des Durchmessers der Reagenzgläser haben sollte, bohren Sie beliebig viele Löcher ein. Darauf führen Sie zusätzliche Bohrungen mit einem kleinen Holzbohrer durch. Setzen Sie nun in die größeren Kuhlen mit Wasser befüllte, kurze und lange Reagenzröhrchen und in die kleinen Bohrungen setzen Sie Trockengräser. Zum Schluss nur noch die Reagenzgläser mit einzelnen Blüten bestücken und fertig ist Ihre einzigartige Fensterdeko.

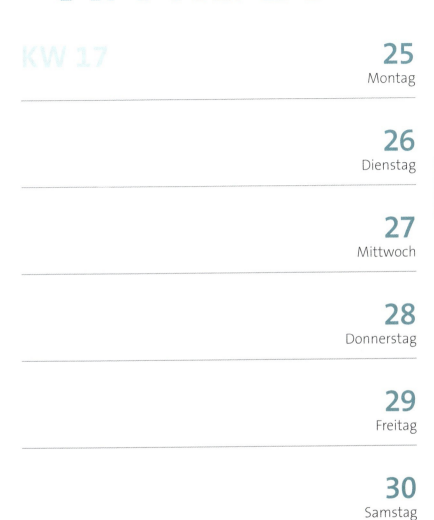

KW 17

25
Montag

26
Dienstag

April

27
Mittwoch

28
Donnerstag

29
Freitag

30
Samstag

Diesen Monat:

Blumige Untersetzer

Filzblumen

Mülltrennung:
Bringt das was?

Energiesparen

Zitronen-Biscotti

Pasta mit Spargel-
Zitronen-Pesto

Kalte Beerensuppe
mit Joghurtmousse
und Honigmandeln

Mai

Sei du die Veränderung, die du in der Welt sehen möchtest.

Mahatma Gandhi (1869 – 1948)

KW 17

Tag der Arbeit

1
Sonntag

Clever Energie sparen

Energiesparen ist gleich doppelt gut – natürlich für die Umwelt, aber auch für den Geldbeutel. Damit die Stromrechnung um die 100 Euro im Jahr reduziert werden kann, müssen pro Tag 40 Watt eingespart werden. Auch im Standby-Modus verbrauchen Elektrogeräte Strom. **So finden Sie heraus, welche das sind:** Leihen Sie sich bei der Verbraucherzentrale oder der Energieberatungsagentur kostenlos Strommessgeräte aus. **Tipp:** Schauen Sie sich Fernseher, WLAN-Router und Receiver genau an. Auch bei Licht und Wasser lohnt sich ein genauer Blick. LED-Lampen halten 20 Mal so lange wie normale Glühbirnen und verbrauchen deutlich weniger Strom. Mit einem Sparduschkopf können Sie außerdem den Wasserfluss reduzieren und so viele Liter pro Sekunde einsparen.

Zitronen-Biscotti
von Annie Reischmann

So geht's

300 g Mehl, 120 g Zucker, 140 g Butter, ½ TL Backpulver, ein Ei und den Abrieb und Saft einer Bio-Zitrone zu einem Teig verkneten und für 15 – 30 Minuten in die Tiefkühltruhe stellen. Den Teig portionsweise entnehmen, kleine Kugeln formen. Kräftig in Puderzucker wälzen – es muss wirklich viel drauf sein! Auf ein Backblech mit Backpapier legen und im vorgeheizten Ofen bei 180 Grad 12 – 15 Minuten backen, bis die Kügelchen leicht golden sind.

Blumige Untersetzer

Die kreative Idee
Leoni Gehr

Getrocknete Blüten lassen sich wunderbar in Modelliermasse einarbeiten. Daraus zaubern Sie hübsche Untersetzer, die auf jedem Tisch einfach super aussehen!

So geht's

Befeuchten Sie Ihre Hände mit Wasser, kneten Sie etwas Modelliermasse weich und streuen Sie schöne Trockenblüten darauf. Wenn die Blüten gut unterknetet sind, wird die Masse mit einem Nudelholz ungefähr 1,5 cm dick ausgerollt. Jetzt verwenden Sie eine runde Form zum Ausstechen, wie beispielsweise eine alte Kaffeedose. Danach wird die Oberfläche mit mattem Acryllack versiegelt. Anschließend den Untersetzer vorsichtig vom Untergrund lösen und 24 Stunden trocknen lassen. Falls Sie keine getrockneten Blüten zur Hand haben kann auch alternativ ein Blüten- oder Blätterabdruck Ihrer Wahl dienen. Zum Schluss Filzgleiter an die Unterseite kleben und nach einem Tag sind die schönen Glasuntersetzer auch schon einsatzbereit und Hingucker auf jedem Tisch!

KW 18

2
Montag

3
Dienstag

4
Mittwoch

Mai

5
Donnerstag

6
Freitag

7
Samstag

8
Sonntag

Muttertag

Rezept des Monats
Pasta mit Spargel-Zitronen-Pesto
von Sybille Schönberger

Rezept für 4 Personen
Zubereitungszeit: 30 Minuten

Für das Pesto und die Pasta:
- 200 g grüner Spargel
- Etwas Salz
- 50 g Pinienkerne
- 1 Knoblauchzehe
- ½ Bio-Zitrone
- 1 Stängel Zitronen-Thymian
- 1 Stängel Basilikum
- 1 Stängel glatte Petersilie
- ¼ Bund Schnittlauch
- 150 ml Sonnenblumenöl
- 50 g Parmesankäse
- Etwas Salz
- Etwas Pfeffer aus der Mühle
- 400 g große Muschelnudeln (Conchiglioni)

Für den Ziegenkäsetaler:
- 2 Zweige Rosmarin
- 8 Ziegenkäsetaler à 20 g
- Etwas Pfeffer aus der Mühle
- 4 TL Honig

1. Grünen Spargel waschen und im unteren Drittel schälen. Holzige oder angetrocknete Enden abschneiden.

2. Spargel in Salzwasser circa 3 Minuten mit noch leichtem Biss garen. Abgießen und in eisgekühltem Wasser abschrecken und komplett auskühlen lassen.

3. Pinienkerne ohne Fett anrösten und abkühlen lassen. Knoblauchzehen würfeln, Zitrone heiß waschen und Schale fein abreiben. Zitronenhälfte auspressen.

4. Die Blättchen der Kräuter abzupfen, mit dem Schnittlauch grob schneiden, Spargel in Stücke schneiden.

5. Spargel, Pinienkerne, Knoblauch, Zitronensaft und -schale und Kräuter in einen Mixer geben. Alles fein pürieren, dabei Öl nach und nach untermixen. Parmesan fein reiben und unter das Pesto rühren. Mit Salz und Pfeffer abschmecken.

6. Nudeln in Salzwasser mit leichtem Biss garen und den Backofen auf 80 Grad Ober- und Unterhitze vorheizen.

7. Rosmarinzweige halbieren. Ziegenkäsetaler in eine Auflaufform legen, pfeffern und mit Honig beträufeln. Rosmarinzweige auflegen und für 5 Minuten in den Ofen schieben.

8. Nudeln abgießen, dabei etwas Nudelkochwasser auffangen. Etwas Kochwasser, die Nudeln und Pesto in den Topf zurückgeben und durchschwenken.

9 Pesto-Nudeln auf vorgewärmten Tellern verteilen und die Käsetaler darauf anrichten. Nach Belieben mit Blüten von der Kapuzinerkresse garniert servieren.

Tipp: Vom Pesto ist noch etwas übriggeblieben? Pesto in ein Glas füllen, mit etwas Öl bedecken, verschließen und im Kühlschrank lagern. Es hält sich ungefähr eine Woche frisch.

9
Montag

KW 19

10
Dienstag

11
Mittwoch

12
Donnerstag

13
Freitag

14
Samstag

15
Sonntag

⚠ Mülltrennung: Bringt das was?

Sollte ich meinen Joghurtbecher ausspülen, bevor er im Müll landet? Lohnt sich Mülltrennung überhaupt – oder wird letztlich doch wieder alles zusammengekippt?

37 Kilo Plastikmüll produziert jede und jeder Deutsche jährlich. Um die Müllberge kümmert sich unter anderem ein Recyclingunternehmen in Iserlohn, hier steht Europas modernste Sortieranlage für Leichtverpackungen. Also für all das, was im Gelben Sack landen sollte – wie Joghurtbecher. Die Sortieranlage selektiert den Inhalt der gelben Säcke durch Luftströme, Magnete und Siebtrommeln. Teilweise wird sogar mit Hand sortiert, wenn das Material nicht zugeordnet werden kann. Allerdings bringt das Ausspülen der Becher nichts, wenn nur noch Reste am Becher hängen. Es wäre eher eine Verschwendung von Ressourcen. Am Ende des Sortierprozesses entstehen Ballen getrennter Rohstoffe mit bis zu 600 kg Müll. Doch nur insgesamt 50 % vom Massenanteil können recycelt werden. Die anderen 50 % werden zum größten Teil zu Ersatzbrennstoffen aufbereitet, woraus Farbeimer oder Einkaufskörbe entstehen. Mit bewusster Mülltrennung kann also jeder zu nachhaltigem Recycling beitragen.

Filzblumen

Die kreative Idee
Stefanie Renk

So geht's
Zuerst kaufen Sie Filz in Ihren Lieblingsfarben. Wir empfehlen Ihnen, eine Filzart auszuwählen, die man trocken und nass filzen kann. Je nach Größe der Kugel wird etwas Filz abgezogen. Einen Knoten machen, den Rest darum herum wickeln und mit einer Filznadel grob fixieren. Tauchen Sie eine beliebige Anzahl an Filzkugeln in warmes Seifenwasser ein, wringen Sie sie aus und rollen Sie daraus relativ feste Bälle in Ihrer Hand zusammen. Danach entfernen Sie die Seifenlauge mit warmem Wasser, wringen die Bälle aus und bringen sie wieder in Form. Stechen Sie mehrfach mit der Filznadel ein, um ein Loch zu kreieren, in das man dann den Draht stecken kann. Nun ist die Hingucker-Deko auch schon fertig!

16
Montag

KW 20

17
Dienstag

18
Mittwoch

19
Donnerstag

20
Freitag

21
Samstag

22
Sonntag

KW 21

23
Montag

24
Dienstag

25
Mittwoch

Mai

26
Donnerstag

Christi Himmelfahrt

27
Freitag

28
Samstag

29
Sonntag

Kalte Beerensuppe mit Joghurtmousse und Honigmandeln
von Vincent Klink

Rezept für 4 Personen
Zubereitungszeit: 4 Stunden

Für die Beerensuppe:
- *1 kg gemischte Sommerbeeren*
- *1 Zitrone*
- *6 EL Zucker*
- *2 Orangen*
- *3 TL Speisestärke*

Für die Mousse:
- *6 Blatt Gelatine*
- *1 Bio-Zitrone*
- *1 Vanilleschote*
- *600 g Joghurt*
- *60 g Puderzucker*
- *250 g Sahne*

Für die Honigmandeln:
- *4 EL Mandelstifte*
- *2 TL Honig*

Hinweis: *Mousse und Beerensuppe müssen mindestens 4 Stunden durchkühlen!*

1. 800 g gewaschene Beeren pürieren, das Mark durch ein Sieb streichen. Saft aus der Zitrone pressen, mit dem Beerenmark und 4 EL Zucker in einen Topf geben und aufkochen.

2. Von den Orangen den Saft auspressen und mit der Speisestärke vermischen. Unter die Beerensuppe rühren und aufkochen lassen.

3. Restliche Beeren untermischen, erneut kurz aufkochen lassen. Mit weiterem Zucker nach Geschmack süßen und die Suppe kalt stellen und gut durchkühlen lassen.

4. Gelatine in kaltem Wasser einweichen. Zitrone heiß abspülen, etwas Schale fein abreiben und Saft auspressen. Die Vanilleschote längs aufschneiden und das Mark mit einem Messer auskratzen.

5. Joghurt mit Puderzucker, Vanillemark und etwas Zitronenschale gut verrühren.

6. Zitronensaft in einem Topf erwärmen. Die Gelatine ausdrücken, unter Rühren in Zitronensaft schmelzen. Den Topf vom Herd nehmen, 3 EL der Joghurtmasse unter die Gelatine-Mischung rühren. Alles unter die restliche Joghurtmasse mixen. Sahne steif schlagen und vorsichtig unterheben. Nach Belieben mit Zucker abschmecken.

7. Mousse in eine Schüssel füllen, mit Frischhaltefolie bedecken und kalt stellen. Mandelstifte ohne Fett anrösten, Honig zugeben und durchschwenken.

8. Beerensuppe in tiefen Tellern anrichten. Von der Mousse mit einem Esslöffel Nocken abstechen, auf der Suppe anrichten. Mit den Honigmandeln bestreuen und servieren.

KW 22

30
Montag

31
Dienstag

Mai

Diesen Monat:

Sommerliche Blumen-Eiswürfel

Blumenanhänger

Spargeltarte

Schnelles Bananenbrot

Himbeerschnecken

Juni

Gib jedem Tag die Chance, der schönste in deinem Leben zu werden.

Mark Twain 1835 – 1910

KW 22

1
Mittwoch

2
Donnerstag

3
Freitag

4
Samstag

Pfingstsonntag

5
Sonntag

Rezept des Monats
Spargeltarte
von Jacqueline Amirfallah

Rezept für 4 Personen
Zubereitungszeit: über 1 Stunde

Für den Mürbeteig:
- *250 g Mehl*
- *Etwas Salz*
- *100 g kalte Butter*
- *1 Ei*

Für den Belag:
- *750 g weißer Spargel*
- *Etwas Salz*
- *1 TL Butter*
- *1 Bio-Zitrone*
- *200 g Crème fraîche*
- *3 Eier*
- *Etwas Pfeffer*

Für Salat und Fond:
- *200 g grüner Spargel*
- *2 EL Zitronensaft*
- *Etwas Salz* *Etwas Zucker*
- *3 EL Olivenöl*
- *1 Bund ‚Kerbel*
- *100 g Sahne*
- *Etwas kalte Butter*
- *Etwas frisch geriebener Muskat*

Außerdem:
- *Etwas Fett und Semmelbrösel für die Form*
- *Backpapier und Hülsenfrüchte oder Backgewichte zum Blindbacken*

1 Mehl und eine Prise Salz in einer Schüssel mischen. Butter in Stückchen und Ei zugeben. Alles zu einem glatten Mürbeteig verkneten. Zu einer Kugel formen und in Frischhaltefolie wickeln. Mindestens 30 Minuten im Kühlschrank durchkühlen lassen.

2 Nun den Spargel waschen, schälen und holzige Enden abschneiden. Spargelschalen in einen Topf geben und mit Wasser bedecken. Eine große Prise Salz und 1 TL Butter zugeben. Zugedeckt aufkochen und circa 5 Minuten köcheln lassen.

3 Spargelschalen aus dem Fond heben und die Spargel im Sud bissfest kochen, anschließend gut abtropfen lassen.

4 Zitrone waschen und etwas Schale fein abreiben und den Saft auspressen. Crème fraîche und Eier vermengen. Mit Salz, Pfeffer, Zitronenschale und -saft abschmecken.

5 Ofen auf 220 Grad Ober- und Unterhitze (Umluft 200 Grad) vorheizen. Tarteform (Ø 26 – 28 cm) fetten und fein mit Semmelbröseln ausstreuen. Mürbeteig auf Mehl dünn rund ausrollen. Form damit auslegen, dabei einen kleinen Rand formen. Boden mit einer Gabel mehrfach einstechen. Mit einer Lage Backpapier bedecken. Hülsenfrüchte oder Backgewichte zum Blindbacken auffüllen.

6 Den Boden im Ofen etwa 12 – 14 Minuten blindbacken. Form aus dem Ofen nehmen. Hülsenfrüchte und Backpapier entfernen. Boden kurz abkühlen lassen.

7 Backofen-Temperatur auf 180 Grad reduzieren. Spargel in Stücke schneiden und auf dem Tarteboden verteilen. Zitronen-Crème-fraîche übergießen. Tarte im Ofen auf unterster Schiene 35 – 45 Minuten stocken lassen und goldbraun backen.

8 Grünen Spargel waschen und im unteren Drittel schälen, holzige Enden abschneiden und längs in feine Streifen schneiden.

9 2 EL Zitronensaft, Salz, 1 Prise Zucker und Olivenöl verquirlen. Den Spargel damit marinieren.

10 Kerbel vorsichtig abbrausen und die Blättchen abzupfen. Kerbel über den Spargelsalat streuen. Spargelfond und Sahne offen bei starker Hitze auf 200 ml einkochen.

11 Butter in Stückchen nach und nach mit einem Pürierstab untermixen. Mit Salz, Pfeffer und Muskat abschmecken.

12 Tarte vor dem Servieren kurz ruhen lassen. In Portionsstücke schneiden und mit dem Spargelsalat anrichten. Die Soße dazu servieren.

6
Montag

KW 23

Pfingstmontag

7
Dienstag

8
Mittwoch

9
Donnerstag

10
Freitag

11
Samstag

12
Sonntag

Schnelles Bananenbrot

von Barbara Bjarnason

So geht's

Backofen auf 175 Grad vorheizen und eine 20 cm Kastenform fetten. Dann zwei Bananen mit einer Gabel zerdrücken, bis ein Brei entstanden ist. 50 g Walnüsse grob hacken. In einer Schüssel 50 g Rapsöl mit einem Ei, 100 g Zucker und ½ TL Vanilleextrakt mit einem Schneebesen gut verrühren und dann das Bananenmus dazugeben und ebenfalls gut einrühren. ½ TL Zimt, ¾ TL Natron und 125 g Dinkelmehl gut vermischen und in eine Schüssel geben. Mit dem Schneebesen so lange rühren, bis eine homogene Masse entsteht. Gehackte Walnüsse kurz unterheben und den Teig in die Form gießen. Zum Schluss können Sie beliebig Bananen zur Dekoration oben drauf legen und alles im Ofen für etwa 45 Minuten backen lassen. Guten Appetit!

Sommerliche Blumen-Eiswürfel

Die kreative Idee
Leoni Gehr

Sie wollen einen Hingucker für jede Gartenparty? Kein Problem! Floristin Leoni Gehr hat die Idee für Sie.

Nehmen Sie eine Silikonform mit etwas größeren Innenformen, befüllen Sie diese mit Wasser, Blüten und Kräutern, wie beispielsweise Rosmarin oder Thymian. Die verschiedenen Blüten und Kräuter verleihen nicht nur einen besonderen Geschmack, sondern werten zugleich jedes Getränk auf. Mit dieser Idee haben Sie ein tolles Geschmackserlebnis und einen Hingucker!

13
Montag

14
Dienstag

15
Mittwoch

16
Donnerstag

Fronleichnam

17
Freitag

18
Samstag

19
Sonntag

Himbeerschnecken
von Cynthia Barcomi

Rezept für 12 Portionen
Zubereitungszeit: 4 Stunden

Für den Teig:
- 200 ml Milch
- 100 g Butter
- 1 Bio-Zitrone
- 350 g Weizenmehl (Type 405)
- 150 g Vollkornweizenmehl
- 21 g frische Hefe (oder 7 g Trockenhefe)
- 50 g Zucker
- ¾ TL Salz
- ½ TL gemahlener Kardamom
- 2 Eier

Für die Füllung:
- 300 g TK-Himbeeren (nicht vorher auftauen)
- 50 g Zucker
- 2 TL Speisestärke
- Etwas milder Balsamico

Für die Glasur:
- 150 g Puderzucker, gesiebt
- 2 EL Milch

1 Für den Teig die Milch aufkochen, die Butter darin unterrühren, schmelzen und etwas abkühlen lassen.

2 Mehlsorten, Hefe, Zucker, Salz, feingeriebene Zitronenschale und Kardamom vermengen.

3 Die Eier in die abgekühlte Butter-Milch-Mischung rühren, zur Mehlmischung geben und mit dem Knethaken drei Minuten kneten. Den Teig von Hand noch einige Minuten nachkneten. In einer Schüssel zugedeckt 1 Stunde gehen lassen. Ein Muffinblech ausbuttern. Für die Füllung die gefrorenen Beeren mit Zucker und Stärke vermengen.

4 Den aufgegangenen Teig zu einem Rechteck (circa 30 x 45 cm) ausrollen und mit der Beerenmischung bestreuen. Von der Längsseite her fest aufrollen und in 12 Scheiben schneiden. Die Schnecken in das Blech setzen und zugedeckt noch etwa 45 Minuten gehen lassen.

5 Den Backofen auf 180 Grad Umluft vorheizen. Darauf Schnecken im unteren Drittel des Ofens etwa 22 Minuten backen. Nach 15 Minuten die Farbe prüfen und bei Bedarf abdecken.

6 Gebackene Schnecken herausnehmen und auf einem Gitter abkühlen lassen. Puderzucker und Milch glatt verrühren und das Gebäck vor dem Servieren glasieren.

20
Montag

KW 25

21
Dienstag

22
Mittwoch

23
Donnerstag

24
Freitag

25
Samstag

26
Sonntag

KW 26

27 Montag

28 Dienstag

29 Mittwoch

30 Donnerstag

Juni

Blumenanhänger

Die kreative Idee
Anna Rupp

Mit diesen stilvollen Anhängern holen Sie einfach und schnell frischen Wind in Ihr Zuhause!

Versehen Sie einen Marmeladenglasdeckel mit einem Loch und ziehen Sie eine Schnur hindurch, die anschließend befestigt wird. Dazu am besten einen Akkuschrauber nehmen und das Loch für die Aufhängung langsam bohren. Falls Sie gerade keinen Bohrer oder keine Zange haben, kleben Sie die Schnur in den Marmeladenglasdeckel. Wenn die Schnur befestigt ist, suchen Sie sich getrockneten Blüten zusammen. Diese können aus Blumensträußen herausgezupft werden oder Sie finden im Garten etwas schönes Getrocknetes. Die Blütenteile werden nach Wahl angeordnet und mit Heißkleber in den Deckel dicht eingeklebt. Besonders schön sind sie am Fenster in frühlingshaften Obstzweigen oder auch an Geschenkpäckchen. Viel Freude beim Dekorieren!

Gefühlstagebuch

Malen Sie jeden Tag eine Form passend zu Ihrer Stimmung aus.

Nach jedem Drittel eines Jahres können Sie dann ablesen, wie Ihre Gefühlslage war.

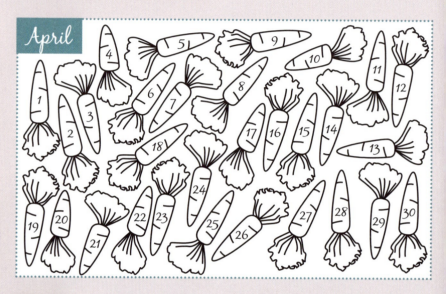

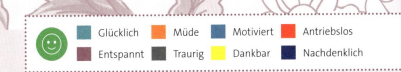

Rückblick auf die letzten Monate

Das liebe ich an mir:

Daran sollte ich noch arbeiten:

Die netteste Begegnung:

Das habe ich dazugelernt:

Diesen Monat:

Apfel-
Balsamico

Gestürzter
Blaubeer-
Vanillekuchen
mit Baiser

Mythen über
Verpackungsmüll

Alte Bücher
weiter verkaufen

Einfaches
Blütenherz

Nostalgische
Vasenfüllung mit
Lilien und Nelken

Juli

Leben allein genügt nicht, sagte der Schmetterling. Sonnenschein, Freiheit und eine kleine Blume muss man auch haben.

Hans Christian Andersen (1805 – 1875)

KW 26

1
Freitag

2
Samstag

3
Sonntag

Juli

Einfaches Blütenherz

Die kreative Idee
Nadine Weckardt

So geht's
Mit etwas Heißkleber kleben Sie ein Stoffband auf den Kunststoffrand eines Schaumstoff-Herzchens und bewässern es. Zuerst den Schaum mit Hortensien und Fette Henne abdecken, dann eine Draht-Öse zum Aufhängen in der oberen Herzmitte anbringen. Ziehen Sie ein Band durch die Öse und schneiden Sie verschiedene Blüten und Gräser wie Strohblumen, Strandflieder, Bartnelken, verzweigte Röschen oder Stacheldrahtblumen kurz ab. Zum Schluss alles gleichmäßig auf dem Herzchen verteilen und die Zwischenräume gut mit den Blumen abdecken. Nun muss Ihr sommerliches Blütenherz nur noch aufgehängt werden! Wir wünschen viel Freude damit!

Mythen über Verpackungsmüll

- *Becher und Konservendosen müssen vor der Entsorgung ausgespült werden.*
  Falsch: Wenige Essensreste an der Verpackung sind erlaubt, das Ausspülen ist Ressourcenverschwendung. „Löffelrein" sollte der Müll aber sein.
- *Alles im gelben Sack wird recycelt.*
  Falsch: Sortieranlagen haben Probleme mit schwarzen Verpackungen. Diese werden oft verbrannt, da sie von den Sortieranlagen meist nicht erkannt werden.
- *Jeder Kunststoff darf im gelben Sack entsorgt werden.*
  Falsch: Nur Verpackungen sind erlaubt. Hartplastik wird nicht recycelt: Gegenstände wie Kleiderbügel, Spielsachen und Haarbürsten sollten beim regionalen Entsorger abgegeben werden.

KW 27

4
Montag

5
Dienstag

6
Mittwoch

7
Donnerstag

8
Freitag

9
Samstag

10
Sonntag

Juli

Rezept des Monats
Gestürzter Blaubeer-Vanillekuchen mit Baiser
von Franziska Schweiger

Rezept für 12 Stück
Für eine Springform mit Ø 26 cm
Zubereitungszeit: 1,5 Stunden

Für den Teig:
- *600 g Heidelbeeren (oder gemischte Beeren, auch TK Beeren sind möglich)*
- *1 Vanilleschote*
- *1 Bio-Zitrone*
- *6 Eier (Größe M)*
- *300 g weiche Butter*
- *270 g Rohrzucker*
- *1 Prise Salz*
- *225 g geschälte Mandeln, fein gemahlen*
- *180 g Dinkelmehl (Type 630)*
- *1 ½ TL Backpulver*

Für das Baiser:
- *3 Eiweiß*
- *75 g Zucker*
- *2 EL Zitronensaft*
- *1 Prise Salz*

1 Die Springform mit Backpapier auslegen, die Beeren einfüllen und zur Seite stellen. Den Backofen auf 160 Grad Umluft vorheizen.

2 Vanilleschote halbieren und das Mark herausstreichen. Die Zitrone heiß abwaschen, etwas Schale abreiben und 4 EL Saft auspressen. Die Eier trennen.

3 Weiche Butter mit Zucker, Vanillemark, Zitronenschale und -saft, Salz und Eigelb schaumig schlagen und das Eiweiß unterrühren.

4 Gemahlene Mandeln mit Mehl und Backpulver mischen und unter die Buttermasse heben.

5 Die Teigmasse auf die Beeren geben und im Ofen circa 40 – 45 Minuten backen.

6 Wenn der Kuchen leicht ausgekühlt ist, ihn auf eine Tortenplatte stürzen und vorsichtig das Backpapier lösen.

7 Für das Baiser Eiweiß mit Zucker, Salz und Zitronensaft langsam steif aufschlagen, anschließend auf dem Kuchen verteilen und mit einem Küchen-Flambierbrenner sacht goldbraun abflämmen und servieren.

Tipp: Der Kuchen wirkt auch sehr schön, wenn er in einer Springform mit nur Ø 20 cm gebacken wird. Dann einfach alle Zutaten um ein Drittel reduzieren.

Juli

11
Montag

KW 28

12
Dienstag

13
Mittwoch

14
Donnerstag

15
Freitag

16
Samstag

17
Sonntag

Die kreative Idee
Nadine Weckardt

Nostalgische Vasenfüllung mit Lilien und Nelken

Vintage ist the New Modern! Mit dieser nostalgischen Retro-Deko setzen Sie ihr Zuhause in einen neuen Glanz!

Platzieren Sie eine Lilie mittig in einer nostalgischen Glasvase. Verschiedene Rosen leicht um die Lilie gruppieren und ebenfalls in die Vase stellen. Nelken, Salbei und Gräser in die Zwischenräume stellen. Danach Eukalyptuszweige an ein bis zwei Stellen ins Wasser stellen und über der Vase schwingen lassen. Zum Schluss Flechtenzweige locker und lose über die Vasenfüllung legen. Und fertig ist Ihr Vintage-Hingucker!

Alte Bücher weiterverkaufen

Ausgemistete oder veraltete Bücher kann man auf viele Arten im Internet verkaufen. Zum Beispiel bei Momox, dem größten Unternehmen Deutschlands, wenn es um den Ankauf von Büchern geht. Mehr als 109 Millionen Bücher wurden bei Momox in Leipzig seit der Gründung im Jahr 2004 angekauft. Es gibt eine gleichnamige App des Unternehmens. Die NutzerInnen scannen die Bücher mit dem Barcode Scanner ein und der Preis wird errechnet. Dieser beruht auf dem originalen Preis des Buches, wie oft das Buch auf der App bereits vorhanden ist und wie der Zustand des Buches ist. Mit dem An- und Verkauf von alten Büchern ist ein guter Kreislauf entstanden und jeder profitiert davon.

Apfel-Balsamico

So geht's
In einer Schüssel 200 ml Apfelessig mit 1 EL Blütenhonig und 1,5 TL Salz verrühren, bis sich alles gelöst hat. In eine Flasche nach Wahl eine halbe Zimt- und eine ganze Vanillestange hinein legen und mit dem Essig auffüllen und gut verschließen! Vor der Nutzung den Balsamico mindestens eine Woche kühl stellen und ziehen lassen. Ideal geeignet für Vinaigrette mit Nussölen oder als Grundlage für Marinaden und das Würzen von Desserts.

Juli

18 KW 29
Montag

19
Dienstag

20
Mittwoch

21
Donnerstag

22
Freitag

23
Samstag

24
Sonntag

KW 30

25
Montag

26
Dienstag

27
Mittwoch

28
Donnerstag

29
Freitag

30
Samstag

31
Sonntag

Juli

Diesen Monat:

Lifehack: Pfandflaschen

Inneren Entzündungen vorbeugen!

Fettstoffwechsel verbessern

Gefüllte Ochsenherztomaten

Kokospudding mit karamellisierten Zwetschgen

Mit Blüten gefüllte Eiswaffeln

Sonnenblumen-Tischdeko

Stickrahmen-Pflanzenregal

Hyazinthen-kränzchen

August
KW 31

1 Montag

2 Dienstag

3 Mittwoch

4 Donnerstag

5 Freitag

6 Samstag

7 Sonntag

Lebenskünstler ist, wer seinen Sommer so erlebt, dass er ihn noch im Winter wärmt.

Alfred Polgar (1873 – 1955)

Inneren Entzündungen vorbeugen!

Auch im Inneren des Körpers können Entzündungen auftreten, wie beispielsweise im Darm oder in den Gelenken. Hier helfen vor allem Ingwer, Kurkuma, Heidelbeeren und Kohl.

Ingwer enthält schmerzlindernde ätherische Öle und Antioxidantien. Das in Kurkuma enthaltene Curcumin lindert Entzündungen vor allem bei Arthrose und Schuppenflechte. Die in Heidelbeeren enthaltenen Gerbstoffe sind ideale und wissenschaftlich nachgewiesene Entzündungshemmer bei kleinen Entzündungen im Mund oder entzündlichen Darmerkrankungen. Kohl wirkt auch entzündungshemmend und fördert die Durchblutung, weshalb Kohlwickel gerne gegen Gelenkbeschwerden eingesetzt werden.

Mit Blüten gefüllte Eiswaffeln

Die kreative Idee
Nadine Weckardt

Die nächste Gartenparty steht an und Ihnen fehlt die Idee für eine sommerliche Tischdeko? Die Lösung: blumige Eiswaffeln!

Bewässern Sie ein Stück Steckmasse und schneiden Sie diese so zurecht, dass sie in wiederverwendbare Eistüten aus dem Bastelbedarf passt. Schneiden Sie allerlei Blumen wie Chrysanthemen, Rosen oder Allium kurz ab. Dann die Blumen in die Steckmasse stecken. Zum Schluss zum Verzieren Baiserhäubchen und Papierschirmchen auflegen und einstecken.

Alternative:
Mehrere Blütenblätter bündeln. Hierzu ein Stück Steckmasse nehmen und mit Blütenblättern und Wickeldraht umwickeln. Mit Steckdrähten andrahten und in den Eiswaffeln befestigen.

Tipp: Wer die Waffel-Förmchen nicht extra bestellen möchte oder eine kurzfristige Lösung braucht, kann bei der nächsten Eisdiele nett nach den kleinen Eis-Pappbechern fragen und dann das gleiche Verfahren anwenden.

KW 32

8
Montag

9
Dienstag

10
Mittwoch

11
Donnerstag

12
Freitag

13
Samstag

14
Sonntag

August

Rezept des Monats
Gefüllte Ochsenherztomaten
von Jacqueline Amirfallah

Rezept für 4 Personen
Zubereitungszeit: 45 Minuten

Für die Tomaten:
- 4 kleine Auberginen
- Etwas Olivenöl
- Etwas Salz
- 1 Prise Zimt
- 1 Bund Lauchzwiebeln
- 4 Ochsenherztomaten (mittelgroß)
- Etwas Zucker
- Etwas Pfeffer

Für den Couscous:
- 1 Zwiebel
- Etwas Olivenöl
- 100 ml Gemüsebrühe
- Etwas Salz
- Etwas gemahlener Kreuzkümmel
- Etwas gemahlener Kurkuma
- 150 g Couscous
- 3 EL abgezogene Mandelkerne
- 2 EL Rosinen
- 1 Bund Koriander
- 1 Bund glatte Petersilie

1. Auberginen putzen und in Würfel schneiden. Etwas Öl in einer Pfanne erhitzen, die Auberginenwürfel darin unter Wenden sacht braten bis sie ganz weich sind. Aubergine mit Salz und Zimt würzen.

2. Die Lauchzwiebeln putzen und fein hacken, danach die Lauchzwiebeln unter die Auberginen mischen. Die Tomaten waschen, jeweils einen Deckel abschneiden und das Innere aushöhlen. Nun das Innere pürieren, eventuell passieren.

3. Für den Couscous: Zwiebel abziehen und fein würfeln. Etwas Öl erhitzen, die Zwiebelwürfel darin andünsten. Tomatenpüree und Gemüsebrühe zugeben. Mit Salz, Kreuzkümmel und Kurkuma würzen und aufkochen.

4. Couscous unter Rühren einstreuen, aufkochen lassen und alles 3 – 4 Minuten sacht köcheln lassen, je nachdem mit etwas Wasser ergänzen.

5. Backofen auf 220 Grad Ober- und Unterhitze (Umluft: 200 Grad) vorheizen.

6. Tomaten von innen mit etwas Salz, Zucker und Pfeffer würzen und die Auberginenfüllung in die Tomaten verteilen. Tomaten in eine Form setzen, die Deckel auflegen und im Backofen etwa 10 – 15 Minuten backen.

7. Mandeln ohne zusätzliches Fett rösten. Aus der Pfanne nehmen, etwas abkühlen lassen, dann fein hacken.

8 Rosinen hacken. Koriander und Petersilie abspülen und ebenfalls hacken.

9 Rosinen, Kräuter, Mandeln und 2 – 3 EL Olivenöl unter den Couscous mischen, abschmecken.

10 Zum Schluss die gefüllten Tomaten und den Couscous anrichten.

Fettstoffwechsel – so können Sie ihn verbessern

- Bewegung ist das A und O! Die Fettverbrennung wird angeregt und der Stoffwechsel kommt so richtig in Schwung
- Gesunde pflanzliche Fette essen, wie beispielsweise Avocado, Olivenöl oder Nüsse. Einfach in die Mahlzeiten integrieren.
- Fettstoffwechsel mit schärferen Gewürzen anfachen, wie zum Beispiel Chili
- Essenspausen einlegen, damit der Körper Zeit hat, Fett abzubauen

Tipp: Intervallfasten eignet sich im Alltag, um an Gewicht zu verlieren. Beim sogenannten „verlängerten Nachtfasten" sollte 13 Stunden auf Nahrung verzichtet werden. Um dies zu erreichen kann man früher Abend essen oder später frühstücken.

Wasser und ungesüßte Tees sind die besten Begleiter für eine gesunde Ernährung.

Sonnenblumen-Tischdeko mit Tontöpfen

Die kreative Idee
Nadine Weckardt

Sonnenblumen wenden Ihr Gesicht immer zur Sonne und wir bringen Ihnen mit dieser Deko die Sonne in Ihr Zuhause.

Das benötigen Sie:

- eine große flache Schale oder ein Tablett
- Tontöpfe in verschiedenen Größen, gerne auch im ‚Used'-Look
- Sonnenblumen
- Frauenmantel
- Nasssteckschaum
- Wellenreife
- Zierdraht
- kleine Gläschen
- Plastiktöpfchen

Umwickeln Sie die Wellringe mit Frauenmantel und Zierdraht. Nun wird etwas bewässerte Steckmasse in die großen Tontöpfe und in die Plastiktöpfchen eingesetzt. Die Steckmasse mit Frauenmantel kurz und kuppelförmig stecken und die Sonnenblumen ebenfalls dazu arrangieren. Unter die kleinen Tontöpfe stellen Sie kleine Gläser mit Wasser, damit die Blumen nicht verdursten. Alles zusammen auf eine Schale oder ein Tablett setzen und nach Belieben noch mehr schöne Sonnenblumen auf dem Teller platzieren. Die sommerliche Deko an einen schönen Ort stellen!

KW 33

Mariä Himmelfahrt

15
Montag

16
Dienstag

17
Mittwoch

18
Donnerstag

19
Freitag

August

20
Samstag

21
Sonntag

Kokospudding mit karamellisierten Zwetschgen
von Jacqueline Amirfallah

Rezept für 4 Personen
Zubereitungszeit: 1,5 Stunden

Für den Pudding:
- 500 ml Kokosmilch (Dose, ungesüßt)
- 25 g Maisstärke
- 5 EL Zucker

Für die Zwetschgen:
- 400 g Zwetschgen
- 2 EL Zucker
- 4 EL Kokosraspel

1. 2 EL Kokosmilch mit der Maisstärke verrühren und 5 EL Zucker dazugeben.
2. Die restliche Kokosmilch zum Kochen bringen. Angerührte Stärke dazugeben und kurz aufkochen.
3. Nicht vergessen: Die ganze Zeit dabei rühren!
4. Den Pudding in Schälchen füllen, auskühlen und anschließend kaltstellen.
5. Die Zwetschgen halbieren und entsteinen.
6. Zucker in einer Pfanne goldgelb karamellisieren, die Zwetschgen zugeben und bei milder Hitze einige Minuten dünsten. Anschließend auskühlen lassen.
7. Die Kokosraspel in einer Pfanne ohne Fett rösten.
8. Zum Servieren auf den gekühlten Pudding die Zwetschgen geben und mit Kokosraspeln bestreut servieren.

KW 34

22
Montag

23
Dienstag

24
Mittwoch

25
Donnerstag

26
Freitag

August

27
Samstag

28
Sonntag

Lifehack: Pfandflaschen

- Alte Pfandbons nicht wegwerfen! Die Gültigkeit beträgt 3 Jahre
- Leere Flaschen immer offen lassen! Vor allem leere Bierflaschen nicht verschließen: Sie können explodieren, weil sich Pilzkulturen darin bilden.
- Kaputte Flaschen werden von Pfandautomaten abgelehnt. Deshalb besser gleich im Altglas entsorgen.

Gut zu wissen: Jeder Mensch trinkt etwa 1092 solcher Flaschen pro Jahr. Aufeinander gestapelt sind sie höher als der Berliner Fernsehturm!

Stickrahmen-Pflanzenregal

Die kreative Idee
Leoni Gehr

Ein kleines Pflanzenregal selbst basteln? Das geht leicht und Sie brauchen nicht mal viele Materialien!

Nehmen Sie ein kleines Stück von einer Holzlatte und sägen Sie sie an den Seiten schräg ab. Schmirgeln Sie die Kanten ab und begradigen Sie sie. Nun benötigen Sie ein Stück von einer Bambusstange, welches auf die Breite der Holzlatte gekürzt wird. Nehmen Sie das Stück und spannen Sie es in die Spanner eines Stickrahmens ein. Die Distanz der zwei Stickrahmen muss auf die Breite der Holzlatte angepasst werden. Jetzt die Befestigungspunkte mit Holzleim an allen vier Ecken der Holzlatte setzen, diese Holzleimpunkte auf den Stickrahmen setzen und austarieren. Zu guter Letzt nur noch ein Stück Paketband oder Kordel am Bambusstab als Aufhängung befestigen und fertig ist ihr individuelles und schnell selbst gemachtes Pflanzenregal! Dieses kann mit kleinen Blumen- und Pflanzentöpfen Ihrer Wahl bestückt werden und sorgt für einen grünen Hingucker in Ihren vier Wänden.

KW 35

29
Montag

30
Dienstag

31
Mittwoch

Die kreative Idee
Nadine Weckardt

Hyazinthenkränzchen

Mit diesem simplen, aber dennoch zauberhaften Blütenkranz hübschen Sie einfach jeden Zweig oder Ast auf!

August

Entfernen Sie die schönen Hyazinthenblüten vom Zweig und biegen Sie eine kleine Schlinge an dem einen Ende eines Floristendrahtes, auf welchen die Hyazinthenblüten aufgefädelt werden. Eine weitere Schlinge in den Draht biegen und die beiden Enden zusammenschließen. Das Ganze noch mit einem farbigen Band nach Wahl verschönern. Zum Schluss das süße Kränzchen einfach an einen kahlen Zweig hängen.

Diesen Monat:

Tipps und Tricks rund um Batterien

Handy verloren oder gestohlen?

Was gehört zum Sperrmüll?

Lifehack: Druckerpatronen

Eier fürs Gehirn

Apfelcrumble mit roten Linsen und Haferflocken

Balsamico-Honig-Senf-Dressing

Gebackener Camembert mit Möhrensalat

Birnen-Sauerrahm-Kuchen

Schnelle Bratensauce

Duftanhänger aus Wachs

September

Erst wenn es zu spät ist, lernen wir, dass das Wundervollste der flüchtige Augenblick ist

François Mitterrand (1916 – 1996)

KW 35

1
Donnerstag

2
Freitag

3
Samstag

4
Sonntag

 ## Tipps und Tricks rund um Batterien

Sie wissen nicht welche Batterien leer sind? Lassen Sie zwei Stück aus gleicher Höhe fallen. Die Leere springt weiter weg als die Volle. **Die Batterien sind zu klein und gerade ist keine große zur Hand?** Alufolie mehrfach falten und vor den Kontakt klemmen. **Der Akku geht zu schnell leer?** Das Handy immer nur 60 bis 80 Prozent aufladen. Das schont die Batterie und verlängert die Akkulaufzeit der Geräte.

Handy verloren oder gestohlen?

Rufen Sie Ihr Handy zuerst einmal von einem anderen Telefon aus an. Vielleicht ist es ja nur in die Sofaritze gerutscht? Ist es wirklich nicht auffindbar, können Sie das Handy über die Dienste von Android oder iOS orten lassen. Dafür müssen Sie aber vorher die Standortverfolgung zugelassen haben und sich auf den Websites einloggen. Ist das Handy wirklich weg, sollten Sie die SIM-Karte sperren lassen und Passwörter ändern, die auf dem Gerät hinterlegt sind. Ein Diebstahl sollte auf jeden Fall angezeigt werden.

Apfelcrumble mit roten Linsen und Haferflocken

von Sabine Schütze

So geht's
Weichen Sie 40 Gramm rote Linsen über Nacht ein. Am darauffolgenden Tag wird der Backofen auf 185 Grad Ober- und Unterhitze vorgeheizt. Gießen Sie die Linsen ab und lassen Sie sie abtropfen. Zwei Äpfel in Spalten schneiden und in vier kleine, gefettete Backformen geben (Durchmesser je 12 bis 15 cm). Die Linsen und 40 Gramm Haferflocken in einem Standmixer zerkleinern. 60 Gramm Muscovado- oder Rohrzucker, eine Prise Salz und 50 Gramm Butter vermischen und unter das Linsen-Haferflocken-Gemisch rühren. Die entstandenen Streusel auf den Apfelspalten verteilen und 30 Minuten goldbraun backen.
Tipp: Mit Vanilleeis servieren.

KW 36

5 Montag

6 Dienstag

7 Mittwoch

8 Donnerstag

9 Freitag

10 Samstag

11 Sonntag

September

Die kreative Idee
Leoni Gehr

Duftanhänger aus Wachs

Wachsreste, ein paar Tropfen Duftöl und getrocknete Blüten lassen sich leicht in tolle Anhänger verwandeln, die Ihren Schränken und Zimmern einen herrlichen frischen oder blumigen Duft verleihen.

Schmelzen Sie Kerzen oder Wachsreste im Wasserbad. Geben Sie nun 3 – 4 Tropfen Duftöl in das geschmolzene Wachs hinzu. Dieses wird in eine Silikonform Ihrer Wahl gegossen und schöne getrocknete Blüten wie Rosen, Lavendel oder Schleierkraut darauf gestreut. Anschließend vorsichtig eine Niete ins obere Drittel des noch warmen Wachs drücken. Das Wachs circa 10 Minuten austrocknen lassen. Zum Schluss ein Band durch die Nieten fädeln und fertig sind Ihre sommerlich duftenden Blumenanhängerchen.

Balsamico-Honig-Senf-Dressing

20 ml Balsamico-Essig, 50 ml Olivenöl, 2 TL Dijonsenf, 2 TL Waldhonig, etwas Limettensaft, Salz, Pfeffer und frischen Schnittlauch vermengen – fertig!

Was gehört in den Sperrmüll?

Dazu gehören grundsätzlich alle Haushaltsgegenstände, die zu groß für den Restabfallbehälter sind. Neben Schrank, Couch und Matratze sind dies auch Elektrogeräte wie Kühlschränke und Gegenstände aus Metall wie ein altes Fahrrad. Nicht zum Sperrmüll gehören Kleinteile, wie Geschirr oder Kinderspielzeug und Teile des Hauses, wie Fenster, Waschbecken, Türen, Fliesen und Trockenbauwände. Altholz kann auch angemeldet werden, schadstoffbelastetes Holz wie Gartenmöbel werden nicht mitgenommen. Sonderabfälle (wie zum Bespiel Heckenschnitt und Batterien) müssen ebenfalls separat entsorgt werden.

KW 37

12
Montag

13
Dienstag

14
Mittwoch

15
Donnerstag

16
Freitag

17
Samstag

18
Sonntag

September

Rezept des Monats
Gebackener Camembert mit Möhrensalat
von Tarik Rose

Rezept für 4 Personen
Zubereitungszeit: 45 Minuten

Für das Pesto:
- 25 g gemahlene Mandeln
- 1 Bund Basilikum
- 30 g Parmesan
- 1 TL geriebener Meerrettich
- 5 EL Olivenöl
- 1 EL Apfelsüße
- Etwas Salz
- Etwas Pfeffer aus der Mühle

Für den Salat:
- 2 gelbe Möhren
- 2 orange Möhren
- 2 weiße Möhren
- 1 Knoblauchzehe
- 2 TL Olivenöl
- Etwas Salz
- Etwas Pfeffer aus der Mühle
- 1 Bio-Zitrone
- 1 TL Honig
- 1 EL Walnussöl

Für den Käse:
- 340 g Camembert
- 2 TL grober Senf
- Etwas Salz
- Etwas Pfeffer aus der Mühle
- 8 Scheiben Dinkelbrot, dünn aufgeschnitten
- 2 EL Olivenöl

1. Für das Pesto: Gemahlene Mandeln ohne Fett bei mittlerer Hitze leicht anrösten. Anschließend in einen Rührbecher umfüllen. Das Basilikum abbrausen und die Blätter abzupfen.

2. Parmesan fein reiben und mit den Basilikumblättern, Meerrettich, Olivenöl, Apfelsüße, je 1 Prise Salz und Pfeffer zu den Mandeln in den Rührbecher geben und fein pürieren. Backofen auf 160 Grad Umluft (180 Grad Ober- und Unterhitze) vorheizen.

3. Für den Salat: Möhren schälen und der Länge nach in dünne Streifen schneiden. Knoblauch schälen und fein schneiden.

4. Möhrenstreifen und Knoblauch auf einem Backblech verteilen, mit Olivenöl beträufeln und würzen, dann 2–3 Minuten garen.

5. Zitrone heiß abwaschen, etwas Schale abreiben und den Saft auspressen.

6. Zitronensaft mit Zitronenschale, Honig, Walnussöl, 1 Prise Salz und Pfeffer zu einem Dressing vermischen.

7. Die noch warmen Möhrenstreifen mit dem Dressing marinieren.

8. Camembert in Scheiben von circa 75 g schneiden, mit etwas Senf bestreichen, mit Salz und Pfeffer würzen. Jede Käsescheibe auf jeweils 1 Brotscheibe legen und mit einer weiteren Brotscheibe abdecken.

9 Die Käsebrote in einer Pfanne mit Olivenöl auf beiden Seiten knusprig backen.

10 Möhrennudeln mit einer Gabel zu Nestern rollen und anrichten, die Käsebrote daneben verteilen und mit dem Pesto beträufeln.

Druckerpatronen

Der Drucker druckt nicht? Gleich funktioniert er wieder!
- Mit dem Föhn angedickte Reste lösen
- Trick für Selten-Drucker: Getrocknete Tinte im warmen Wasserbad lösen
- Selbst befüllen — ist das eine gute Idee? Wohl eher eine Riesensauerei! Also besser Finger weg.

Sonstiges: Druckerpatronen enthalten Elektroschrott, müssen also dementsprechend entsorgt werden!

Eier fürs Gehirn

Lecithin, das unter anderem im Eigelb vorhanden ist, fördert die Denk- und Konzentrationsleistung. Eierspeisen wie Omelett, Rührei oder hart gekochte Eier sind zu empfehlen. Empfehlenswert ist auch Lecithingranulat, ein gutes Supplement bei Konzentrationsschwäche. Das nussig schmeckende Sojaprodukt lässt sich zum Beispiel gut übers Müsli streuen.

Schnelle Bratensauce

3 TL Tomatenmark und 2 TL mittelscharfen Senf in etwa 3 TL Öl anrösten und circa 3 TL Stärke dazu geben. Wie bei einer Mehlschwitze durchziehen lassen, vorsichtig, da es schnell verbrennt und viel umrühren! Mit 4 TL Sojasoße ablöschen, durchrühren, ganz kurz aufkochen und mit 300 ml Wasser ablöschen und weiterhin rühren. Die Soße mit 2 TL Zuckerrübensirup verfeinern, etwas würzen. Je nach Geschmack kann man noch frische Kräuter wie Schnittlauch oder Petersilie dazu geben. Oder auch Sahne, wenn man eine Rahmsoße wünscht.

KW 38

19
Montag

20
Dienstag

21
Mittwoch

22
Donnerstag

23
Freitag

24
Samstag

25
Sonntag

September

Birnen-Sauerrahm-Kuchen
von Franziska Schweiger

Rezept für 12 Personen
Zubereitungszeit: 2 Stunden

Für eine Backform mit Ø 28 cm

Für den Hefeteig:
- 380 g Dinkelmehl (Type 630)
- 1 TL Zucker • 15 g frische Hefe (ersatzweise 7 g Trockenhefe)
- 225 ml lauwarmes Wasser
- 50 g weiche Butter
- 1 Prise Salz

Für den Belag:
- 50 g Butter
- ½ Vanilleschote
- 750 g reife, aromatische Birnen
- 2 EL Zitronensaft
- 400 g Sauerrahm
- 2 Eier (Größe M)
- 125 g heller Rohrzucker
- 15 g Speisestärke
- 3 Msp. gemahlener Zimt

1 Mehl in eine Schüssel geben, in die Mitte eine Mulde eindrücken. Zucker und zerbröselte Hefe in die Mulde geben. Mit 50 ml Wasser verrühren und zugedeckt 10 Minuten beiseite stellen.

2 175 ml Wasser und Butter zum Teig geben und alles mit den Knethaken des Rührgerätes oder mit der Küchenmaschine auf niedriger Stufe etwa 3 Minuten zu einem glatten Teig verkneten, der nicht mehr klebt.

3 Auf mittlerer Stufe Salz unterkneten und alles weitere 1 – 2 Minuten durchkneten. Teig mit einem Tuch bedeckt bei Zimmertemperatur etwa 30 Minuten gehen lassen.

4 Für den Belag die Butter schmelzen, abkühlen lassen. Vanilleschote der Länge nach halbieren und das Mark herausstreichen. Birnen schälen, entkernen, in feine Spalten schneiden und mit dem Zitronensaft mischen.

5 Sauerrahm, flüssige Butter, Eier, Zucker, Stärke, Zimt und Vanillemark glatt verquirlen.

KW 39

26
Montag

27
Dienstag

28
Mittwoch

29
Donnerstag

30
Freitag

September

6 Backofen auf 160 Grad Ober- und Unterhitze vorheizen. Eine große Back-/Tarteform mit hohem Rand mit Backpapier auslegen oder mit Butter ausfetten.

7 Teig nochmals durchkneten, rund ausrollen, die Form damit auslegen und einen circa 3 cm hohen Rand formen. Nun die Birnenspalten dicht an dicht auflegen. Schmandguss aufgießen und gleichmäßig verteilen.

8 Form auf mittlerer Einschubleiste in den Backofen schieben und etwa 50 – 55 Minuten goldbraun backen.

9 Form aus dem Ofen nehmen, auf ein Kuchengitter setzen und den Kuchen etwas abkühlen lassen und anschließend servieren und genießen.

Gefühlstagebuch

Malen Sie jeden Tag eine Form passend zu Ihrer Stimmung aus.

Nach jedem Drittel eines Jahres können Sie dann ablesen, wie Ihre Gefühlslage war.

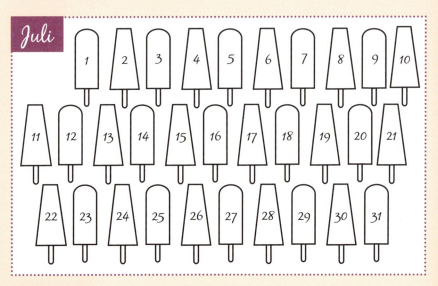

Juli

August

Rückblick auf die letzten Monate

Darauf reagiere ich besonders gestresst:

Das ist für mich unverzichtbar:

Diesen Ort möchte ich ein zweites Mal sehen:

Damit habe ich mir selbst etwas Gutes getan:

Diesen Monat:

Beerenbäumchen

Girlande aus Pappkarton

Tipps für Menschen mit erhöhten Cholesterinwerten

Reifen-Tipps

Lippenbalsam selbst machen

Selleriesuppe mit Speckstrudel-Stange

5-Minuten-Kuchen

Kartoffel-Kokos-Gratin

Nervenstärkende Kekse

Oktober

Freude ist das Leben durch einen Sonnenstrahl gesehen.

Elisabeth zu Wied unter dem Pseudonym Carmen Sylva (1843 – 1916)

KW 39

1
Samstag

2
Sonntag

⚠ Tipps für Menschen mit erhöhten Cholesterinwerten

Verteilen Sie die für Sie richtige Kalorienzufuhr auf 5 – 6 Mahlzeiten pro Tag. Dann funktioniert der Fettstoffwechsel besser. Außerdem sollte sich jede Mahlzeit in etwa so zusammen setzen: 40 % Kohlenhydrate, 40 % Fett und 20 % Eiweiß. Nehmen Sie nicht einfach Omega-3-Kapseln: Diese können, je nach Art der Erkrankung, Ihre Gesundheit gefährden. Der Alkoholkonsum sollte bei jeder Stoffwechselerkrankung möglichst gering sein oder ganz weggelassen werden. Ihr Arzt berät Sie hier am besten. Auch die Eierzufuhr sollte genau betrachtet werden: Wer an einer Hypertriglyceridämie leidet, sollte nicht mehr als 1 – 3 Eier pro Woche zu sich nehmen.

Rezept des Monats
Selleriesuppe mit Speckstrudel-Stange
von Jacqueline Amirfallah

Rezept für 4 Personen
Zubereitungszeit: 45 Minuten

Für die Speckstrudel-Stangen:
- *200 g Weizenmehl (Type 405)*
- *2 ½ EL Sonnenblumenöl*
- *100 ml Wasser*
- *1 Prise Salz*
- *1 Schalotte*
- *60 g geräucherter Bauchspeck*
- *2 Zweige Majoran*
- *1 Brötchen*

Für die Suppe:
- *1 Zwiebel*
- *500 g Knollensellerie*
- *2 EL Butter*
- *250 ml Milch*
- *Etwas Salz*
- *600 ml Geflügelbrühe*
- *2 Zweige Majoran*
- *125 g Sahne*
- *Etwas Muskat*

1 Strudelteig: Mehl in eine Schüssel geben. 2 EL Sonnenblumenöl, Wasser und eine Prise Salz zugeben und alles zu einem glatten, geschmeidigen Teig kneten. Teig zu einer Kugel formen, mit wenig Sonnenblumenöl einreiben und 30 Minuten ruhen lassen.

2 Schalotte schälen und fein schneiden. Speck fein würfeln. In einer Pfanne die Speckwürfel mit der Schalotte kurz und kräftig anbraten und abkühlen lassen.

3 Suppe: Zwiebel schälen und in feine Würfel schneiden.

4 Sellerie schälen, halbieren. Eine etwa 1 cm starke Scheibe abschneiden und diese halbieren. Restlicher Sellerie in circa 1,5 cm große Würfel schneiden.

5 Butter in einem Topf erhitzen. Die Zwiebelwürfel darin andünsten. Selleriewürfel und Selleriescheiben zugeben und Milch angießen, leicht salzen. Die Hälfte der Geflügelbrühe zugeben, aufkochen und den Sellerie bei schwacher bis mittlerer Hitze weich garen. Nun alle Majoranzweige abbrausen und die Blättchen abzupfen.

6 Backofen auf 220 Grad Ober- und Unterhitze vorheizen. Und für den Strudel das Brötchen fein reiben. Strudelteig auf einer bemehlten Fläche sehr dünn ausrollen. Die Brösel,

Speck-Schalotten und die Hälfte vom Majoran darauf streuen. Mehrere dünne Strudelstangen von etwa 15 cm formen.

7 Strudelstangen auf ein Backblech mit Backpapier legen und im Ofen etwa 6 Minuten knusprig backen.

8 Weich gegarte Selleriescheiben aus dem Topf nehmen und für die Dekoration in feine Würfel oder Rauten schneiden und beiseite stellen.

9 Sellerie im Fond fein pürieren. Sahne und so viel Geflügelbrühe angießen, bis die Suppe die gewünschte Konsistenz hat, alles kurz aufkochen lassen. Mit Salz und Muskat abschmecken.

10 Suppe in vorgewärmten tiefen Tellern anrichten, mit restlichem Majoran und feinen Selleriewürfeln bestreuen und die Speckstrudel-Stangen anlegen.

3
Montag

KW 40
Tag der Deutschen Einheit

4
Dienstag

5
Mittwoch

6
Donnerstag

7
Freitag

8
Samstag

9
Sonntag

KW 41

10
Montag

11
Dienstag

12
Mittwoch

13
Donnerstag

14
Freitag

15
Samstag

16
Sonntag

Oktober

5-Minuten-Kuchen

von Annie Reischmann
Huch! Besuch! Da muss schnell ein Kuchen her!

Einkaufsliste
- *400 g Mehl*
- *300 g Zucker*
- *1 Päckchen Vanillezucker*
- *1 Päckchen Backpulver*
- *5 Eier*
- *250 g weiche Butter*
- *1 Tasse lauwarmes Wasser (250 ml)*
- *Kakaopulver (am besten Backkakao)*

Zubereitung
Verrühren Sie alle Zutaten bis auf den Kakao miteinander und geben Sie die eine Hälfte des Teigs in eine gefettete und gemehlte Form. Unter die andere Hälfte rühren Sie den Kakao. Nur noch den dunklen Teig auf den hellen geben und mit einer Gabel ein Muster ziehen. Zum Schluss bei 180 Grad Ober- und Unterhitze im vorgeheizten Ofen circa 60 Minuten goldbraun backen. Lassen Sie ihn sich schmecken!

 ## Reifen-Tipps

- **1€-Methode:** Der Goldrand der Münze sollte komplett im Reifenprofil verschwunden sein, sonst wird es Zeit für neue Reifen.
- **Richtig Druck machen:** Im Tankdeckel oder in der Tür steht wie viel Druck der Reifen braucht. Mit dem richtigen Reifendruck sparen Sie Sprit!
- **So schnell dürfen Sie Gummi geben!** Der Buchstabe auf dem Reifen steht für die Maximal-Geschwindigkeit:
Q = 160 km/h, T = 190 km/h,
U = 200 km/h, H = 210 km/h

 ## Lippenbalsam selbst machen

Ein Rezept ganz ohne unnötige Zusatzstoffe? Wir haben genau das Richtige für Sie: mit nur 3 Zutaten!
6 Gramm Bienenwachs, 15 Gramm Kokosöl und 3 Gramm Kakaobutter leisten Erste Hilfe für trockene, spröde Lippen! Schmelzen Sie alle Inhaltsstoffe in einem Wasserbad. Für einen rötlichen Schimmer fügen Sie einen halben Teelöffel Rote-Bete-Pulver hinzu.
In ein kleines Döschen füllen und bei Bedarf auf die Lippen auftragen.

KW 42

17
Montag

18
Dienstag

19
Mittwoch

20
Donnerstag

21
Freitag

22
Samstag

Oktober

23
Sonntag

Kartoffel-Kokos-Gratin
von Martin Gehrlein

Rezept für 4 Personen
Zubereitungszeit: 1 Stunde

- 750 g Kartoffeln, fest kochend
- 2 Zweige Bohnenkraut
- 400 ml Kokosmilch
- Etwas Salz
- Etwas Muskatblüte
- 1 EL Kokosfett
- 40 g Cashewkerne
- 1 EL Olivenöl

1. Den Backofen auf 180 Grad Ober- und Unterhitze vorheizen.
2. Die Kartoffeln schälen, waschen und in dünne Scheiben schneiden oder hobeln.
3. Kokosmilch mit gewaschenem Bohnenkraut in einen Topf geben, mit Salz und Muskatblüte würzen und leicht aufkochen.
4. Kartoffelscheiben zur Kokosmilch geben und drei Minuten leicht köcheln lassen.
5. In der Zwischenzeit eine flache Auflaufform (circa 800 ml Inhalt) mit Kokosfett ausfetten.
6. Die Kartoffeln mit der Flüssigkeit in die Auflaufform geben, Bohnenkrautzweige herausnehmen. Im Ofen das Gratin circa 20 Minuten garen. Währenddessen die Cashewkerne fein hacken, mixen oder hobeln.
7. Gratin aus dem Ofen nehmen, mit Olivenöl beträufeln und den Cashewkernen bestreuen und weitere 15 Minuten im Ofen überbacken. Evtl. die Auflaufform kurz vor Ende der Garzeit abdecken.

KW 43

24
Montag

25
Dienstag

26
Mittwoch

27
Donnerstag

28
Freitag

29
Samstag

Oktober

30
Sonntag

Ende der Sommerzeit

31
Montag

KW 44
Reformationstag

 ## Nervenstärkende Kekse

von Melanie Wenzel
Die Tage werden wieder kürzer und oft leidet darunter auch unsere Stimmung. Diese Kekse nach einem Rezept von Hildegard von Bingen sind nicht nur sehr lecker, sondern auch noch gut fürs Gemüt!

Zutaten:
- 200 g Dinkelmehl Typ 630 oder 1050
- 125 g Butter
- 1 Ei
- 100 g gemahlene Mandeln
- 75 g Rohrzucker
- 5 g Muskatnuss frisch gerieben oder gemahlenes Pulver
- 2 ½ g Nelkenpulver
- 10 g Zimt gemahlen
- 1 Prise Salz

Achtung: Die Kekse sind nicht für Kinder und Schwangere geeignet, Erwachsene sollten die Höchstdosis von 5 Keksen nicht überschreiten.

1. Verkneten Sie alle Zutaten zu einem glatten Teig und lassen Sie ihn 30 Minuten im Kühlschrank ruhen.
2. Heizen Sie anschließend den Backofen auf 180 Grad Ober- und Unterhitze vor, rollen Sie den Teig auf einer bemehlten Fläche dünn aus und stechen Sie die Plätzchen aus. Backen Sie die Plätzchen auf einem mit Backpapier ausgelegten Backblech ungefähr 20 Minuten bei 180 Grad.

Beerenbäumchen

Die kreative Idee
Nadine Weckardt

Der goldene Herbst kehrt langsam ein, aber Sie sind noch nicht ganz bereit nur noch herbstliche Orange- und Gelbtöne zu sehen? Mit dieser tollen Idee von Nadine Weckardt gestalten Sie den Übergang vom Sommer zum Herbst einzigartiger!

Einen beliebigen Steckschaum passend für einen Blumentopf zuschneiden, einlegen und mit Moos abdecken. Den Japan-Knöterich auf gewünschte Länge abschneiden, fest in den Topf einstecken und am oberen Ende eine gewässerte Steckschaumkugel aufspießen. Etwas Vibirnum, Topfmyrthen, Rubella, Mini-Hagebutten, unreife Zapfen, Kapgrün, Strandflieder, Buchs und Efeu-Fruchtstände kurz abschneiden und im Wechsel dicht aneinander einstecken. Zum Schluss das Bäumchen mit einem Stoffband nach Wahl verzieren. Und fertig ist das Beerenbäumchen.

Girlande aus Pappkarton

Die kreative Idee
Stefanie Renk

Sie brauchen eine Dekorations-Idee für eine spontane Feier, unerwarteten Besuch oder einfach nur für Sie selbst? Kein Problem, hier ist die Lösung.

Papierrollen werden zuerst mit einer Säge oder einem Brotmesser in 17 gleichgroße Ringe gesägt und die Ränder mit einer Schere geglättet. Die Ringe so zusammendrücken, dass sie die Form eines Auges bekommen. Jeweils zwei Augen gegeneinander kleben und über die Klebestelle eine Perle aufkleben. Am unteren Ende zwei Einzelringe ankleben. Am oberen Ende fünf Einzelringe aneinanderkleben. An der Seite eine Perlenschnur mit oberem und unterem Ende verbinden. Nur noch aufhängen und fertig!

Diesen Monat:

Duftende Kaminanzünder

Tischdeko für Weihnachten

Reizlindernden Hustensaft selbst machen

Eine Teemischung für einen Waldspaziergang

Was passiert mit aussortierten Lebensmitteln?

Tipps für die Wintersaison auf dem Balkon

Vegan: Dattel-Zimtsterne

Kabeljau mit Meerrettich-Parmesan-Kruste

Nudelteig ohne Ei

November

Schau dir die Natur an und du wirst alles verstehen.

Albert Einstein (1879 – 1955)

KW 44
Allerheiligen

1 Dienstag

2 Mittwoch

3 Donnerstag

4 Freitag

5 Samstag

6 Sonntag

Die kreative Idee
Leoni Gehr

Duftende Kaminanzünder

Knisterndes Holz, Feuerschein und ein wohliger Duft nach Zimt und Anis – spüren Sie schon die Gemütlichkeit? Mit diesen Kaminanzündern wird Ihr Wohnzimmer zum Dufterlebnis!

Als erstes schmelzen Sie Kerzenreste im Wasserbad. Dann nehmen Sie passende Muffin-Förmchen aus unbehandeltem Papier doppelt und stellen sie auf einer Unterlage auf. Nun werden Zimtstangen halbiert und kleine Zapfen bereitgelegt. Legen Sie diese in das Förmchen und füllen sie mit etwas Wachs auf. Zimt und Anis werden ebenfalls in das flüssige Wachsförmchen gesteckt. Zum Schluss nehmen Sie ein Stück Schnur oder Docht zum Anzünden und setzen dies in die Mitte. Der Winter kann kommen – mit knisternden und duftenden Kaminen!

Reizlindernden Hustensaft selbst machen

Wenn Sie an hartnäckigem Hustenreiz leiden, setzen Sie auf die Kraft der Natur! Hier ein Rezept.

Geben Sie 200 ml Wasser sowie 100 g geschälte, kleingehackte Zwiebeln und je einen Esslöffel getrockneter Spitzwegerich, Salbeiblätter, Fenchelsaat, Thymian und 80 Gramm Rohrzucker in den Topf und kochen Sie die Mischung für 5 Minuten auf. Geben Sie weitere 100 ml kaltes Wasser hinzu und verrühren Sie alles. Nun 30 g festen Honig dazugeben und wiederum rühren, bis der Honig sich aufgelöst hat. Die Mischung durch ein feines Sieb filtern, mit Hilfe eines kleinen Trichters in eine Flasche füllen und verschließen.

Anwendung:
Nehmen Sie bei Bedarf bis zu fünf Mal täglich je einen Esslöffel Hustensaft. Vor Gebrauch immer gründlich schütteln.

Haltbarkeit:
Gekühlt aufbewahrt hält sich der Saft bis zu sechs Monate.

KW 45

7 Montag

8 Dienstag

9 Mittwoch

10 Donnerstag

St. Martin

11 Freitag

12 Samstag

13 Sonntag

November

14 KW 46
Montag

15
Dienstag

16
Mittwoch					Buß- und Bettag

17
Donnerstag

18
Freitag

19
Samstag

20
Sonntag

Vegane Dattel-Zimtsterne
von Bianca Schuster

Rezept für 45 Stück
Zubereitungszeit: 20 Minuten

- 8 getrocknete Datteln (entkernt)
- 120 ml Wasser (kochend)
- 200 g gemahlene Mandeln
- 2 EL Zimt
- 1 EL Orangenschale
- Etwas geriebene Tonkabohne
- 250 g Puderzucker
- 1 – 2 EL Wasser

1. Datteln mit 120 ml kochendem Wasser übergießen und für etwa 10 – 15 Minuten einweichen lassen. Anschließend mit dem Wasser pürieren.

2. Haselnüsse, Mandeln, Zimt, Orangenschale und Tonkabohne mischen und dann das Dattelpüree unterrühren. Zu einem leicht klebrigen Teig verarbeiten und für circa 1 – 2 Stunden kaltstellen.

3. Backrost mit Backfolie vorbereiten, Backofen auf 180 Grad Umluft vorheizen und den Teig circa 1 cm dick ausrollen.

4. Kleine Sterne ausstechen und auf die vorbereitete Backmatte setzen.

5. Aus Puderzucker und etwas Wasser einen sehr dickflüssigen Puderzuckerguss ohne Klümpchen herstellen.

6. Sterne für circa 5 Minuten backen und danach mit der Puderzuckerglasur bestreichen. Trocknen lassen und alle in einer Dose aufbewahren. Nach etwa 24 Stunden sind sie durchgezogen, saftig und lecker!

21 KW 47
Montag

22
Dienstag

23
Mittwoch

24
Donnerstag

25
Freitag

26
Samstag

27
Sonntag   1. Advent

Tischdeko für Weihnachten

Weihnachten steht bald vor der Tür! Aus wenigen Materialien gestalten Sie eine außergewöhnliche und festliche Tischdeko!

Die kreative Idee
Anna Rupp

Sie brauchen eine leicht angefeuchtete Steckmasse, welche Sie auf einem Teller platzieren. Nun werden Gräser, Eukalyptus-Zweige, Schleierkraut und etwas Tannengrün in die Seiten gesteckt. Dann platzieren Sie Rosen, Amaryllis und Beerensträngein die Mitte des Tellers. Zum Schluss befüllen Sie nur noch die Lücken nach Ihrem eigenen Geschmack und stellen das Gesteck auf eine alte Küchenwaage. Fertig!

ⓘ Was passiert mit aussortierten Lebensmitteln?

Bei uns in Deutschland landen rund 18 Millionen Tonnen Lebensmittel pro Jahr ungenutzt im Müll. Zusammengefasst auf ein Jahr sind das alle Nahrungsmittel, die von Januar bis Mai produziert werden. Eines von vielen Konzepten gegen Lebensmittelverschwendung:
Die App: **Too Good To Go**
- Etwa 2800 Betriebe nehmen teil
- Schon über 13 Millionen Mahlzeiten konnten gerettet werden

Wie funktioniert die App?
- Wählen Sie einen Laden in Ihrer Nähe und kaufen Sie Ihre Mahlzeit direkt über die App
- Holen Sie Ihre Mahlzeit im angegebenen Zeitfenster ab
- Retten Sie unverkäufliche Lebensmittel vor der Mülltonne
- Genießen Sie Ihr Essen!

Rezept des Monats

Kabeljau mit Meerrettich-Parmesan-Kruste
von Christian Henze

Rezept für 4 Personen
Zubereitungszeit: 30 Minuten

Für den Fisch:
- 200 g Karotten (Möhren)
- 100 g Knollensellerie
- 100 g Pastinake
- 2 rote Zwiebeln
- 3 EL Meerrettich (frisch gerieben oder aus dem Glas)
- 3 EL weiche Butter
- 30 g frisch geriebener Parmesan
- 3 EL Pankobrösel (japanische Panierbrösel; z. B. aus dem Asiamarkt)
- 4 Kabeljaufilets mit Haut à circa 200 g
- Etwas Salz
- Etwas Olivenöl
- 1 Prise Zucker
- Etwas Pfeffer aus der Mühle

Für die Sauce:
- 1 Schalotte
- 1 TL Butter
- 1 EL grober Senf
- 1 TL scharfer Senf
- 50 ml trockener Wermut (ersatzweise Weißwein oder Brühe)
- 100 ml Sahne

1. Karotten, Sellerie, Pastinake und Zwiebeln in etwa 1 cm feine Würfel schneiden.

2. Für den Fisch den Backofen auf Grillfunktion oder 200 Grad Oberhitze vorheizen.

3. Für die Kruste Meerrettich, Butter, Parmesan und Panko-Brösel gründlich vermengen.

4. Den Kabeljau kalt abbrausen, gründlich trocken tupfen und salzen. Mit den Hautseiten auf ein mit Backpapier ausgelegtes Backblech legen. Die Filetstücke mit der Meerrettichmasse bestreichen.

5. Kabeljaufilets im heißen Backofen 10 Minuten gratinieren.

6. In der Zwischenzeit das Olivenöl erhitzen. Zwiebel- und Gemüsewürfel darin unter gelegentlichem Wenden circa 5 Minuten mit noch leichtem Biss garen. Das Gemüse mit Zucker, Salz und Pfeffer abschmecken.

7. Für die Sauce die Schalotte schälen und fein schneiden. Butter in einem Topf erhitzen und die Schalotte darin anschwitzen. Groben und scharfen Senf dazugeben und mit Sahne und Wermut aufgießen. Die Flüssigkeit einkochen.

8. Gemüsewürfel auf die Teller verteilen, jeweils ein gratiniertes Kabeljau-Filetstück darauf anrichten. Die Sauce mit Salz und einer Prise Zucker abschmecken, mit dem Pürierstab aufschäumen und über das Gemüse träufeln.

November

28
Montag

KW 48

29
Dienstag

30
Mittwoch

🍎 Einfache Teemischung für einen Waldspaziergang selbst machen

Diese Teemischung stillt nicht nur Ihren Durst, damit gewinnen Sie auch neue Kraft für einen erfrischenden und vitalisierenden Spaziergang!

Drücken Sie zwei Kardamom-Kapseln mit dem Messerrücken an, so dass Sie ein Knacken hören. Geben Sie zwei Scheiben geschälten Ingwer (je nach Schärfe mehr oder weniger) und 2 cm Zimtrinde zusammen in eine Thermoskanne und gießen Sie heißes, nicht mehr kochendes Wasser auf (ungefähr 0,5 bis 0,7 Liter). Starten Sie Ihren Spaziergang und genießen Sie zwischendurch den Tee. Gießen Sie dabei den Tee so in den Becher, dass die festen Bestandteile in der Kanne bleiben.

ⓘ Tipps für die Wintersaison auf dem Balkon

Damit unsere grünen Freunde gut durch den Winter kommen, sollten wir unser Bestes tun, um wärmeliebende Pflanzen zu überwintern.

- Viele Pflanzen können draußen bleiben, zum Beispiel die meisten Gartenkräuter wie Salbei, Rosmarin, Pfefferminz, Melisse oder Liebstöckl
- Fürs Einpacken der Pflanzen am besten Jute, Stoff und Decken benutzen
- Alle eingepackten Pflanzen in eine sonnengeschützte Ecke stellen
- Die Töpfe immer auf etwas draufstellen, damit sie nicht von unten frieren
- Gießen nicht vergessen!
- Schädlinge im Auge behalten
- Im Frühjahr langsam an die frischen Temperatur gewöhnen

Nudelteig ohne Ei

Sie vertragen keine Eier? – Kein Problem! Wir haben die Teigalternative für Sie.

300 g Hartweizenmehl in eine Schüssel geben, 1 TL Salz untermischen und 2 EL Olivenöl zugeben. Etwas Wasser angießen und alles zu einem sehr festen Teig verkneten. Zunächst etwas weniger Wasser nehmen und den Teig sehr fest ankneten, dann nach und nach weiteres Wasser unterkneten, bis die gewünschte Festigkeit erreicht ist. Den Teig circa 10 Minuten gut durchkneten, dann in Frischhaltefolie wickeln und mindestens 30 Minuten ruhen lassen. Guten Appetit!

Jeden Tag ein bisschen Liebe verschenken, heisst jeden Tag ein bisschen Weihnachten haben.

Monika Minder (* 1961)

Diesen Monat:

- Amaranth-Cookies
- Glühwein
- Bratapfeleis
- Gratinierte Lauchpfannkuchen
- Winterliche Ganache

- Schnipselkarte mit Rentieren
- Lichthäuser aus Modelliermasse
- Glamouröse Weihnachtskarten
- Stempel selbst schnitzen
- Bowling im Dunkeln

- Schokolade macht glücklich
- Natürliche Venen-Salbe

- So nimmt man ohne Diät ab!

Dezember

KW 48

1 Donnerstag

2 Freitag

3 Samstag

4 Sonntag

2 Advent

Die kreative Idee
Schnipselkunst
Silke & Anna

Schnipselkarte mit Rentieren

E-Mails schreiben kann ja jeder, aber eine selbst gemachte Postkarte und auch noch eigens illustriert – das ist etwas Besonderes! Wir zeigen, wie das geht!

1. Reißen: Reißen Sie aus buntem Papier kleine Schnipsel heraus.
2. Kleben: Kleben Sie die Schnipsel auf eine Postkarte.
3. Zeichnen: Zeichnen Sie mit einem schwarzen Fineliner an und auf den Schnipsel. Durch das Hinzuzeichnen der wesentlichen Merkmale entstehen Schritt für Schritt die weihnachtlichen Rentiere.

Weihnachtsspecial

Lichthäuser aus Modelliermasse

Die kreative Idee
Lisa Tihanyi

Rollen Sie lufttrocknende Modelliermasse mit Hilfe eines Acrylrollers aus. Wie hoch die Masse sein soll, können sie selbst bestimmen – je nachdem, wie breit die Fassaden der Häuser werden sollen. Eine gezeichnete Pappvorlage der Hauswände (je zwei Mal) auf die ausgerollte Modelliermasse legen und mit einem Messer die Konturen aus der Modelliermasse ausschneiden. Die Fenster der Häuser nach Belieben ausschneiden.

Tipp: Je unregelmäßiger die Fenster, umso hübscher das Gesamtbild! Die vier Seiten des Hauses gut trocknen lassen. Die Seiten mit Klebstoff an den senkrechten Kanten zusammenkleben. Bei Bedarf können Sie die fertigen Lichthäuser mit Acrylspray versiegeln.

Glamouröse Weihnachtskarten

Die kreative Idee
Kathrin Bender

Aus recyceltem Karton kann man Vieles machen: Etwa hochwertige und glamouröse Karten-Unikate! Diese Idee in schlichter Schönheit mit Platz für herzliche Grüße zum Fest, teilt Kathrin Bender mit ARD-Buffet-Fans. Aus alten Umschlägen und Pappen werden postkartengroße Stücke (10 x 15 cm) herausgeschnitten. Diese werden mit Ranken bemalt oder bestempelt. Die Farbe kurz trocknen lassen. Teile der Ranken, z. B. die Blätter oder die Beeren, mit Anlegemilch bestreichen und entsprechend der Packungsanweisung antrocknen lassen. Das Blattgold vorsichtig mit einer Pinzette oder einem Pinsel auflegen und mit einem sauberen, weichen Pinsel feststreichen. Erneut trocknen lassen. Überflüssiges Blattgold vorsichtig mit dem Pinsel wegstreichen. Die Reste in einem kleinen, verschließbaren Gefäß oder Umschlag aufheben, sie können beim nächsten Mal wiederverwendet werden. Zum Schluss die Blätter mit Buntstiften, Wasserfarben oder Filzstiften ausmalen. Fertig sind die glitzernden Grußkarten für Ihre Liebsten.

Amaranth-Cookies

Einkaufsliste
- 60 g gepoppter Amaranth
- 100 g Datteln
- 2 Eier
- 3 EL Rohrzucker
- 60 g gemahlene Mandeln
- 40 g Kokosraspeln
- 1 TL Schokostreusel
- 1 Prise Zimt

Die Datteln entsteinen und mit einem großen Messer fein hacken. Eier trennen und die Eigelbe mit dem Zucker cremig rühren. Die Eiweiße in einer weiteren Schüssel steif schlagen. Mandeln, Kokosraspeln, Datteln, Schokostreusel, Zimt und Amaranth unter die Eigelbcreme geben. Den Eischnee vorsichtig unterheben und den Teig auf ein mit Backpapier ausgelegtes Backblech in kleinen Portionen draufsetzen. Zum Schluss die Kekse im vorgeheizten Backofen bei 150 Grad Ober- und Unterhitze etwa 25 – 30 Minuten backen.

Stempel selbst schnitzen

Die kreative Idee
Lisa Vöhringer

Nachhaltig, schön und individuell: Aus alten Radiergummis werden Ihre persönlichen Stempel!

Tipps vorab:
- Holzfigur, dünnen Ast oder Buntstift in circa 3 cm lange Stücke schneiden und abschleifen. Sie werden als Stempelhalterung verwendet.
- Stempel eignen sich nicht nur für Geschenkverpackungen, Anhänger und Weihnachtsschmuck aus Papier. Es lassen sich auch viele andere Materialien bestempeln. Zum Beispiel Stoffservietten, Holzanhänger oder auch Christbaumschmuck aus Formmasse.

So geht's
Einen alten Radiergummi in ungefähr 5 mm dicke Scheiben schneiden und den Durchmesser der Holzfigur anpassen. Das gewünschte Motiv auf den Radiergummi aufzeichnen. Das Motiv sorgfältig ausschneiden, indem circa 2 mm vom Radiergummi rundum abgetragen werden. Den Stempel testen und eventuell nacharbeiten. Anschließend die Spielfigur mit etwas Flüssigklebstoff am Radiergummi festkleben. Trocknen lassen und los geht's!

5
Montag

KW 49

6
Dienstag

Nikolaus

7
Mittwoch

8
Donnerstag

9
Freitag

10
Samstag

11
Sonntag

3. Advent

Glühwein
von Natalie Lumpp

Zubereitungszeit: 45 Minuten

Weißer Glühwein:
- 1 große Orange
- ¾ l Weißwein (Silvaner, Müller-Thurgau oder Grauburgunder)
- ¼ l weißer Traubensaft
- 3 Sternanis
- 1 Zimtstange
- 2 cl Likör (Pfirsich oder Quitte)
- 2 EL Honig

Heimeliger Glühwein:
- ¾ l Rotwein (Regent oder Spätburgunder)
- ½ l Granatapfelsaft
- ½ Granatapfel
- 3 Sternanis
- 2 Blatt Lorbeer
- 5 Nelken
- 1 Vanilleschote
- 2 Zimtstangen
- 3 EL Honig

Alkoholfreier Glühweinzauber:
- 1 l Apfelsaft
- 1 l Roiboostee
- 4 Sternanis
- 5 Nelken
- 2 Zimtstangen
- 2 Äpfel (kleine Stücke)
- ½ Zitrone (Saft)

1 **Weißer Glühwein:** Die Orangen schälen und würfeln, dann zusammen mit den anderen Zutaten langsam erhitzen. In hitzebeständige Gläser oder Tassen geben.

2 **Heimeliger Glühwein:** Den Granatapfel vorsichtig teilen und in einer Schüssel mit Wasser die Kerne auslösen. Danach die Kerne absieben. Alle Zutaten in einem Kochtopf erwärmen. Die Vanillestange vorher in der Mitte aufschneiden und das Mark auskratzen. Mark und Vanillestange mit erwärmen. Nach 10 Minuten kann der Wein abgesiebt werden und in Tassen oder hitzebeständige Gläser gefüllt werden. Danach die Kerne der Granatäpfel in die Tassen verteilen.

3 **Alkoholfreier Glühweinzauber:** Alles zusammen erwärmen und in Tassen oder hitzebeständige Gläser verteilen.

12
Montag

KW 50

13
Dienstag

14
Mittwoch

15
Donnerstag

16
Freitag

17
Samstag

18
Sonntag

4. Advent

Bratapfeleis

von Sybille Schönberger

**Rezept für 4 Personen
Zubereitungszeit: 1,5 Stunden**

- 4 Äpfel
- 20 g Butter
- 80 g Zucker
- 20 Marzipan-Rohmasse
- 20 g Rosinen
- 30 g Mandelsplitter
- 1 Msp. Zimtpulver
- 20 ml Rum
- 6 Eigelbe
- 250 ml Milch
- 250 ml Sahne
- ½ Vanilleschote (Mark)

Die Äpfel waschen, schälen und in grobe Stücke schneiden. Butter in einem Topf erhitzen, Apfelstücke darin mit der Hälfte des Zuckers anschwitzen und den Zucker leicht karamellisieren lassen. Marzipan, Rosinen, Mandeln, Zimt und Rum dazugeben, kurz durchschwenken und mit einem Mixstab pürieren. Die Eigelbe mit dem restlichen Zucker schaumig schlagen. Milch, Sahne und Vanillemark aufkochen und langsam unter die Eimasse rühren. Zuletzt das Apfelmus dazugeben und das Ganze über dem heißen Wasserbad zur Rose abziehen. Dann die Masse abkühlen lassen und in einer Eismaschine gefrieren. Jetzt heißt es nur noch: genießen!

Schokolade macht glücklich

Dunkle Schokolade und Nüsse helfen dabei, schneller aus Leistungstiefs heraus zu kommen. Dabei ist dunkle Schokolade mit einem hohen Kakaogehalt gemeint. Ungesüßtes Kakaopulver beinhaltet nämlich die Aminosäure Tryptophan, die unser Körper in das Glückshormon Serotonin umwandelt und so das Stressniveau senkt. Eine Tasse Kakao mit Milch ist also auch eine tolle „Nervennahrung", besonders in der kalten Jahreszeit. Nun weg mit den schlechten Gewissen und her mit der Tafel dunkle Schokolade!

Rezept des Monats
Gratinierte Lauchpfannkuchen
von Andreas Schweiger

Rezept für 4 Personen
Zubereitungszeit: 1 Stunde

Für die Pfannkuchen:
- 100 g Mehl
- 150 ml Milch
- 3 Eier
- 30 g flüssige Butter
- Etwas Salz
- 2 EL Butterschmalz

Für die Füllung:
- 3 Stangen Lauch
- 300 g Champignons
- 2 EL Butterschmalz
- Etwas Salz
- Etwas Pfeffer aus der Mühle
- 1 Prise Muskat
- 200 ml Gemüsebrühe
- 100 g Sauerrahm

Zusätzlich:
- Etwas Butter zum Ausfetten
- 150 g Gouda
- 2 Zweige Thymian
- 100 g Sauerrahm

1. Für die Pfannkuchen Mehl mit Milch, den Eiern und der flüssigen Butter gut verrühren. Mit einer Prise Salz den Teig würzen und 30 Minuten quellen lassen.

2. Lauch und Pilze putzen, waschen und in feine Ringe und Scheiben schneiden.

3. Etwas Butterschmalz in einem Topf oder einer Pfanne erhitzen und Lauch darin anbraten, die Pilze zugeben und ebenfalls mit anbraten. Mit Salz, Pfeffer und Muskat würzen.

4. Lauch mit Gemüsebrühe ablöschen und etwa 3 Minuten köcheln lassen.

5. Sauerrahm unter den Lauch mischen, abschmecken und die Pfanne vom Herd ziehen.

6. In einer Pfanne mit etwas Butterschmalz nach und nach aus dem Teig dünne Pfannkuchen ausbacken.

7. Den Backofen auf 220 Grad (Umluft 200 Grad) Ober- und Unterhitze vorheizen.

8. Die Pfannkuchen mit dem Lauch-Pilz-Gemüse füllen, aufrollen und nebeneinander in eine gebutterte Auflaufform schichten.

9. Gouda fein reiben. Thymian abbrausen, trocken schütteln und die Blättchen abzupfen.

10. Käse, Thymian und Sauerrahm mischen, auf die aufgerollten Pfannkuchen streichen und im Ofen circa 10 – 15 Minuten gratinieren.

19
Montag

KW 51

20
Dienstag

21
Mittwoch

22
Donnerstag

23
Freitag

24
Samstag

Heiligabend

25
Sonntag

1. Weihnachtsfeiertag

Natürliche Venen-Salbe

Bei Schmerzen in den Beinen, Wadenkrämpfen, Schwellung und Venenschwäche hilft die selbst gemachte Venen-Salbe. Bis zu zweimal täglich dünn auf die betroffenen Stellen am Unterschenkel auftragen und leicht vom Fuß in Richtung Oberschenkel einmassieren. Die Salbe ist nicht für offene Stellen geeignet.

So geht's

Erhitzen Sie 30 ml Bio-Distelöl, 4 Gramm Bienenwachs und 15 Gramm Lanolin in einem kleinen Topf über dem Wasserbad. Im zweiten Gefäß erhitzen Sie nun 35 ml Rosskastanientinktur. Warten Sie bis sich das Wachs aufgelöst hat und die Tinktur circa 60 Grad hat. Gießen Sie die Tinktur langsam und unter ständigem Rühren in die Fettphase. Fügen Sie 5 Tropfen ätherisches Fichtennadelöl hinzu und rühren Sie weiter, bis die Salbe erkaltet ist. Füllen Sie die Salbe in eine Cremedose, notieren Sie das Herstellungsdatum und stellen Sie die Dose in den Kühlschrank.

Winterliche Ganache

Als erstes 100 g Kirsch- und 100 g Himbeerpüree zusammen mit etwa 20 g Limettensaft und 10 g Gewürzmischung (Orangenschalen, Kardamon, Zimtstange, Nelke) aufkochen. Darauf lassen Sie Ihre weihnachtlich duftende Fruchtmischung etwa 10 Minuten ziehen, damit sich alle Aromen gut entfalten können. Jetzt kochen Sie die Mischung nochmals kurz auf und gießen Sie mit einem Sieb über 100 g dunkle Kuvertüre. Alles langsam verrühren bis eine homogene Masse entsteht. Aufpassen, dass Sie keine Luft mit einrühren. Zum Schluss noch kurz mit dem Stabmixer eine Emulsion erzeugen und auf 25 Grad im Kühlschrank abkühlen lassen.

Tipp: Heben Sie unter die Winterliche Ganache (halbe Rezeptur) erst 100 g geschlagene Sahne. Im Anschluss noch weitere 200 g geschlagene Sahne unterrühren. Perfekt für ein Glasdessert zu Weihnachten! Gerne können Sie das Dessert mit ein paar frischen Beeren als Dekoration aufpeppen.

26
Montag

KW 52

2. Weihnachtsfeiertag

27
Dienstag

28
Mittwoch

29
Donnerstag

30
Freitag

31
Samstag

Silvester

Vorsätze fürs neue Jahr? So nimmt man auch ohne Diät ab!

Tipp 1: Bewusst essen
Sich Zeit nehmen und sich wirklich mit allen Sinnen auf das Essen konzentrieren. Jegliche Ablenkung sollte vermieden werden – also: Zeitung zur Seite legen, Fernseher ausschalten und Handy weg.

Tipp 2: Hunger richtig deuten
Sind wir wirklich hungrig oder haben wir gerade nur Lust auf etwas?

Tipp 3: Stress reduzieren
Sind wir im Stress, essen wir in der Regel unbewusst, nebenbei, greifen auf meistens ungesunde Snacks zurück, die uns möglichst schnell Energie liefern aber auch direkt auf unsere Hüften gehen.

Tipp 4: Essen mit gutem Gewissen
Essen und damit anderen etwas Gutes tun: der Umwelt und den Tieren. Wer dies tut, isst mit gutem Gewissen.

Tipp 5: Glücklich essen
In Studien wurde außerdem bewiesen: Wer sich gesund ernährt, fühlt sich fit und gut ... Man kann sich also tatsächlich glücklich essen.

Bowling im Dunkeln

Die kreative Idee
Stefanie Renk

Spaß am Silvester-Abend? Mit diesen leuchtenden Bowling-Pins sind Sie perfekt ausgestattet!

Knicken Sie verschiedenfarbige Knicklichter bis sie komplett leuchten. Mit einer Schere vorsichtig an einer Seite aufschneiden. Dabei aufpassen, dass das Abgeschnittene nicht wegfliegt, da die leuchtende Flüssigkeit so gut wie möglich im Röhrchen bleiben sollte. Die Knicklichter mit schnellen Bewegungen in einer leeren Plastikflache ausschütten.

Glitzereffekt: Schütten Sie etwas Glitter in einer ähnlichen Farbe des Knicklichtes hinzu. Die Flüssigkeit verbindet sich damit und bleibt besser an den Wänden der Flasche haften. Gut schütteln, die Pins aufstellen, Licht aus und losbowlen!

Gefühlstagebuch

Malen Sie jeden Tag eine Form passend zu Ihrer Stimmung aus.

Nach jedem Drittel eines Jahres können Sie dann ablesen, wie Ihre Gefühlslage war.

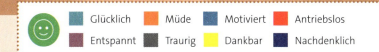

Dezember

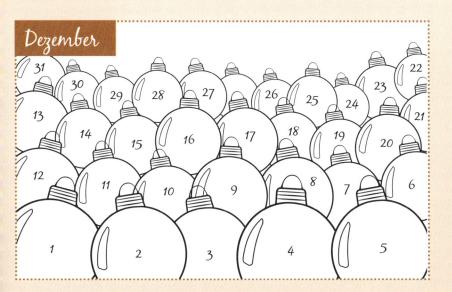

Rückblick auf die letzten Monate

Gründe, weshalb ich manchmal an mir selbst zweifle:

Das werde ich nächstes Jahr ändern:

Meine Lieblingsmomente in 2022:

Darauf bin ich besonders stolz:

Ferien 2022 Deutschland

	Winter	Ostern	Pfingsten
Baden-Württemberg	–	14.04. / 19.04. – 23.04.	07.06. – 18.06.
Bayern	28.02. – 04.03.	11.04. – 23.04.	07.06. – 18.06.
Berlin	29.01. – 05.02.	07.03. / 11.04. – 23.04.	27.05. / 07.06.
Brandenburg	31.01. – 05.02.	11.04. – 23.04.	–
Bremen	31.01. – 01.02.	04.04. – 19.04.	27.05. / 07.06.
Hamburg	28.01.	07.03. – 18.03.	23.05. – 27.05.
Hessen	–	11.04. – 23.04.	–
Mecklenburg-Vorpommern	05.02. – 17.02. / 18.02.	11.04. – 20.04.	27.05. / 03.06. – 07.06.
Niedersachsen	31.01. – 01.02.	04.04. – 19.04.	27.05. / 07.06.
Nordrhein-Westfalen	–	11.04. – 23.04.	–
Rheinland-Pfalz	21.02. – 25.02.	13.04. – 22.04.	–
Saarland	21.02. – 01.03.	14.04. – 22.04.	07.06. – 10.06.
Sachsen	12.02. – 26.02.	15.04. – 23.04.	27.05.
Sachsen-Anhalt	12.02. – 19.02.	11.04. – 16.04.	23.05. – 28.05.
Schleswig-Holstein	–	04.04. – 16.04.	27.05. / 28.05.
Thüringen	12.02. – 19.02.	11.04. – 23.04.	27.05.

	Sommer	Herbst	Weihnachten
Baden-Württemberg	28.07. – 10.09.	31.10. / 02.11. – 04.11.	21.12. – 07.01.
Bayern	01.08. – 12.09.	31.10. – 04.11. / 16.11.	24.12. – 07.01.
Berlin	07.07. – 19.08.	24.10. – 05.11.	22.12. – 02.01.
Brandenburg	07.07. – 20.08.	24.10. – 05.11.	22.12. – 03.01.
Bremen	14.07. – 24.08.	17.10. – 29.10.	23.12. – 06.01.
Hamburg	07.07. – 17.08.	10.10. – 21.10.	23.12. – 06.01.
Hessen	25.07. – 02.09.	24.10. – 29.10.	22.12. – 07.01.
Mecklenburg-Vorpommern	04.07. – 13.08.	10.10. – 14.10. / 01.11. / 02.11.	22.12. – 02.01.
Niedersachsen	14.07. – 24.08.	17.10. – 28.10.	23.12. – 06.01.
Nordrhein-Westfalen	27.06. – 09.08.	04.10. – 15.10.	23.12. – 06.01.
Rheinland-Pfalz	25.07. – 02.09.	17.10. – 31.10.	23.12. – 02.01.
Saarland	25.07. – 02.09.	24.10. – 04.11.	22.12. – 04.01.
Sachsen	18.07. – 26.08.	17.10. – 29.10.	22.12. – 02.01.
Sachsen-Anhalt	14.07. – 24.08.	24.10. – 04.11.	21.12. – 05.01.
Schleswig-Holstein	04.07. – 13.08.	10.10. – 21.10.	23.12. – 07.01.
Thüringen	18.07. – 27.08.	17.10. – 29.10.	22.12. – 03.01.

Ferien Österreich

	Weihnachten	Semesterferien	Ostern	Pfingsten	Sommer
Burgenland	24.12. – 06.01.	14.02. – 19.02.	09.04. – 18.04.	04.06. – 06.06.	02.07. – 04.09.
Kärnten	24.12. – 06.01.	14.02. – 19.02.	09.04. – 18.04.	04.06. – 06.06.	09.07. – 11.09.
Nieder-österreich	24.12. – 06.01.	05.02. / 07.02. – 13.02.	09.04. – 18.04.	04.06. – 06.06.	02.07. – 04.09.
Ober-österreich	24.12. – 06.01.	21.02. – 26.02.	09.04. – 18.04.	04.06. – 06.06.	09.07. – 11.09.
Salzburg	24.12. – 06.01.	14.02. – 19.02.	09.04. – 18.04.	04.06. – 06.06.	09.07. – 10.09.
Steiermark	24.12. – 06.01.	21.02. – 27.02.	09.04. – 18.04.	04.06. – 06.06.	09.07. – 11.09.
Tirol	24.12. – 06.01.	14.02. – 19.02.	09.04. – 18.04.	04.06. – 06.06.	09.07. – 11.09.
Vorarlberg	24.12. – 06.01.	14.02. – 20.02.	19.03. / 09.04. – 18.04.	04.06. – 06.06.	09.07. – 11.09.
Wien	24.12. – 06.01.	07.02. – 12.02.	09.04. – 18.04.	04.06. – 06.06.	02.07. – 04.09.

Ferien Schweiz

	Sportferien	Frühling	Sommer	Herbst	Weihnachten
Aargau	–	11.04. – 21.04.	18.07. – 05.08.	03.10. – 14.10.	27.12. – 06.01.
Basel-Land	26.02. – 13.03.	09.04. – 24.04. / 27.05.	02.07. – 14.08.	01.10. – 16.10.	24.12. – 08.01.
Basel-Stadt	26.02. – 12.03.	09.04. – 23.04. / 27.05.	02.07. – 13.08.	01.10. – 15.10.	24.12. – 07.01.
Bern	–	09.04. – 24.04.	09.07. – 14.08.	24.09. – 16.10.	24.12. – 08.01.
Freiburg	28.02. – 04.03.	15.04. – 29.04. / 27.05.	11.07. – 24.08.	17.10. – 28.10.	26.12. – 06.01.
Genf	14.02. – 18.02.	14.04. – 22.04.	04.07. – 21.08.	24.10. – 28.10.	26.12. – 06.01.
Jura	21.02. – 25.02.	11.04. – 22.04.	04.07. – 12.08.	10.10. – 21.10.	26.12. – 06.01.
Luzern	19.02. – 06.03.	15.04. – 01.05.	09.07. – 21.08.	01.10. – 16.10.	09.12. / 24.12. – 08.01.
Neuenburg	28.02. – 04.03.	11.04. – 22.04. / 27.05.	04.07. – 12.08.	03.10. – 14.10.	26.12. – 06.01.
Obwalden	24.02. – 06.03.	15.04. – 01.05. / 27.05. / 17.06.	09.07. – 21.08.	01.10. – 16.10.	24.12. – 08.01.
Schaffhausen	29.01. – 13.02.	15.04. – 01.05.	09.07. – 14.08.	01.10. – 23.10.	24.12. – 02.01.
Solothurn	07.02. – 18.02.	11.04. – 22.04.	11.07. – 12.08.	–	–
Thurgau	31.01. – 06.02.	04.04. – 18.04. / 26.05. – 06.06.	11.07. – 14.08.	10.10. – 23.10.	26.12. – 08.01.
Uri	19.02. – 06.03.	30.04. – 15.05. / 27.05. / 17.06.	02.07. – 15.08.	01.10. – 16.10.	24.12. – 08.01.
Waadt	19.02. – 27.02.	15.04. – 01.05.	02.07. – 21.08.	15.10. – 30.10.	24.12. – 08.01.
Wallis	28.02. – 11.03.	09.05. – 13.05.	29.06. – 12.08.	10.10. – 21.11.	26.12. – 06.01.
Zürich	–	18.04. – 30.04.	18.07. – 20.08.	10.10. – 22.10.	26.12. – 07.01.

Jahresübersicht 2023

JANUAR
Mo		2	9	16	23	30
Di		3	10	17	24	31
Mi		4	11	18	25	
Do		5	12	19	26	
Fr		6	13	20	27	
Sa		○	14	●	☽	
So	1	8	☾	22	29	

FEBRUAR
Mo			6	☾	●	☽
Di			7	14	21	28
Mi		1	8	15	22	
Do		2	9	16	23	
Fr		3	10	17	24	
Sa		4	11	18	25	
So		○	12	19	26	

MÄRZ
Mo		6	13	20	27	
Di		○	14	●	28	
Mi	1	8	☾	22	☽	
Do	2	9	16	23	30	
Fr	3	10	17	24	31	
Sa	4	11	18	25		
So	5	12	19	26		

APRIL
Mo		3	10	17	24	
Di		4	11	18	25	
Mi		5	12	19	26	
Do		○	☾	●	☽	
Fr		7	14	21	28	
Sa	1	8	15	22	29	
So	2	9	16	23	30	

MAI
Mo	1	8	15	22	29	
Di	2	9	16	23	30	
Mi	3	10	17	24	31	
Do	4	11	18	25		
Fr	○	☾	●	26		
Sa	6	13	20	☽		
So	7	14	21	28		

JUNI
Mo		5	12	19	☽	
Di		6	13	20	27	
Mi		7	14	21	28	
Do	1	8	15	22	29	
Fr	2	9	16	23	30	
Sa	3	☾	17	24		
So	○	11	●	25		

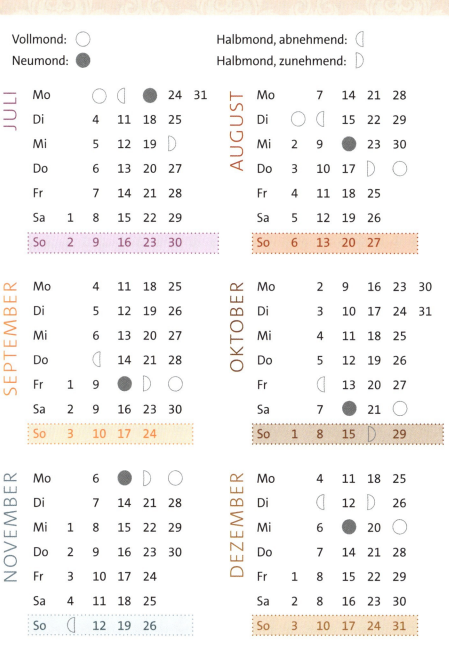

IMPRESSUM

FOTOS: Anna Rupp (S. 77, S. 135 o. + Portraitfotos), Anna Wagner/Schnipselkunst (S. 141 u. + Portraitfoto), Jean-Marie Engel (S. 142 Portrait Kathrin Bender), Kathrin Bender (S. 142 u.), Lena Yokota-Barth (S. 34 o. + Portraitfoto), Leoni Gehr (S. 2 l. u., S. 54 u., S. 58 u., S. 72, S. 100 u., S. 106 o., S. 130 o. + Portraitfotos), Lisa Tihanyi (S. 2 r. o., S. 11, S.12 r. o., S. 28 r. o., S. 30 u., S. 42 u., S. 50 u., S. 51 u., S. 142 o. + Portraitfotos), Lisa Vöhringer (S. 50 o., S. 143 u. + Portraitfotos), Nadine Weckardt (S. 34 u., S. 39 u., S. 82 o., S. 87 o., S. 92 u., S. 96 u., S. 101, S. 127 o. + Portraitfotos), Stefanie Renk (S. 63 u., S. 127 u., S. 153 u. + Portraitfotos), SWR (S. 2 r. u., S. 11 r. o., S. 15, S. 20, S. 23 r. o., S. 25, S. 33 r. o., S. 37, S. 41, S. 47 r. o., S. 48, S. 51 o., S. 57 r. o., S. 58 o., S. 61, S. 67, S. 69 r. o., S. 71, S. 75, S. 81 r. o., S. 85, S. 91 r. o., S. 95, S. 98, S. 103 r. o., S. 109, S. 112, S. 117 r. o., S. 119, S. 124, S. 129 r. o., S. 137, S. 141 r. o., S. 143 o., S. 147 o., S. 149).

Imago (S. 46), Imago/Addictive Stock (S. 110 m., S. 151 u.), Imago/agefotostock (S. 30 l. o., S. 39 r. o., S. 106 m., S. 145), Imago/BE&W (S. 18 l.o., S. 39 m., S. 116), Imago/blickwinkel (S. 22, S. 47, S. 63 o., S. 100 o., S. 122 r. u., S. 151 o.), Imago/Cavan images (S. 87 l. u.), Imago/CHROMORANGE (S. 130 u.), Imago/imagebroker (S. 28, S. 56, S. 82 u., S. 104 o., S. 106 u., S. 140), Imago/Manfred Ruckszio (S. 139 o.), Imago/McPHOTO (S. 10, S. 147 u.), Imago/mintimages (S. 126), Imago/MKDesign (S. 110 o.), Imago/Panthermedia (S. 12, S. 42 o., S. 43, S. 54 o., S. 57 r. m., S. 87 r. u., S. 103 u., S. 104 o., S. 117 u., S. 122 o., l. u., S. 135 u., S. 138, S. 153 o.), Imago/Shotshop (S. 3, S. 18 r. u., S. 32, S. 110 u., S. 133, S. 139 u.), Imago/VWPics (S. 31), Imago/Westend61 (S. 2 l.o., S. 68, S. 72 o., S. 80, S. 90, S. 92 o., S. 96 o., S. 102, S. 128).

Hintergründe: Imago/agefotostock (S. 11 – 14, 16 – 21, 57 – 60, S. 62 – 67, S. 69 – 70, S. 72 – 74, S. 81 – 84, S. 86 – 89, 129 – 132, S. 134 – 136, S. 138 – 139), Imago/FStopimages (S. 33 – 36, 38 – 40, 42 – 45), Imago/Panthermedia (S. 3 – 9, S. 91 – 94, 96 – 97, 99 – 101, S. 103 – 108, S. 110 – 111, S. 113 – 115, S. 141 – 148, S. 150 – 155, S. 156 - 160), Imago/SciencePhotoLibrary (S. 23 – 24, 26 – 31), Imago/Yayimages (S. 117 – 118, 120 – 127).

REZEPTE: Andreas Schweiger (S. 148), Annie Reischmann (S. 51, S. 58, S. 122 o.), Barbara Bjarnason (S. 73), Bianca Schuster (S. 133), Christian Henze (S. 136), Cynthia Barcomi (S. 37, S. 75), Franziska Schweiger (S. 84, S. 112 – 113), Jacqueline Amirfallah (S. 24, S. 70 – 71), S. 94 – 95, S. 98, S. 118 – 119), Martin Gehrlein (S. 124), Melanie Wenzel (S. 126), Natalie Lumpp (S. 47, S. 145), Rainer Klutsch (S. 20), Sabine Schütze (S. 104 u.), Sören Anders (S.15), Sybille Schönberger (S. 40 – 41, S. 60 – 61, S. 147 o.), Tarik Rose (S. 108 – 109), Vincent Klink (S. 48, S. 66).

REDAKTION: Lina Stuber, Tamara Trunk, Gabi Seng
GRAFISCHE GESTALTUNG UND REPRO: RTK & SRS mediagroup GmbH/Ines Siegler
COVERGESTALTUNG: Markus Vogt
PRODUKTMANAGEMENT: Benedikt Meyer
DRUCK UND BINDUNG: PNB Print LtD, Lettland

Bei Fragen oder Anregungen zum Buch, auch wenn etwas „nicht stimmen" sollte, freut sich unser Zuschauerservice über eine Nachricht von Ihnen unter tv@swr.de und hilft Ihnen bei Bedarf weiter. Ihre Hinweise helfen uns, unsere Produkte zu verbessern. Materialangaben und Arbeitshinweise in diesem Buch wurden von den Mitarbeitern des Verlags sorgfältig geprüft. Eine Garantie wird jedoch nicht übernommen. Der Verlag kann für eventuell auftretende Fehler oder Schäden nicht haftbar gemacht werden. Das Werk und die darin gezeigten Modelle sind urheberrechtlich geschützt. Die Vervielfältigung und Verbreitung ist, außer für private, nicht kommerzielle Zwecke, untersagt und wird zivil- und strafrechtlich verfolgt. Dies gilt insbesondere für eine Verbreitung des Werkes durch Fotokopien, Film, Funk und Fernsehen, elektronische Medien und Internet sowie für eine gewerbliche Nutzung der gezeigten Modelle. Bei Verwendung im Unterricht und in Kursen ist auf dieses Buch hinzuweisen.

1. Auflage 2021
© 2021, SWR Media Services GmbH, Hans-Bredow-Straße, 76530 Baden-Baden

ISBN: 978-3-949183-00-3